跨越生命的關卡

桂文亞◎主編

編者序

勵志，也有意思

桂文亞

說來有趣，我在青少年求學階段，對於「勵志」性質的文章不是「麻木不仁」，就是「嗤之以鼻」。現在回頭來看，原因不外乎是經驗和體會都還沒有「到位」，所以缺乏感動，讀過就算了；另外一種情況則是來自心理，因為一翻到那些與「四維八德」有關的內容，就不耐煩的撇起嘴：又來了，又來了！在家是父母，在校是老師，一天到晚聽訓，難道還不夠麼？所以寧可把課餘閱讀時間放在漫畫、笑話、武俠，或有的沒的言情小說上。

其實，「飢不擇食」是年輕人一種普遍的閱讀現象，也許缺乏有心人的引導，加上早年幾乎也找不到什麼針對青少年性向出版的課外讀物，所以多數「勵志書」也就不免向成人讀者靠攏。一旦把人生的道理寫得那麼「廣博」，那麼「深奧」，真正懂得的人有多少啊？

直到成長後進入出版工作領域，開始為青少年兒童編寫讀物，才開始認真思索這些問題，原來，內容「廣博」和「深奧」不是關鍵，關鍵在於如何平實表達。

簡而言之，閱讀首重「樂趣」，而明白曉暢，深入淺出的寫作風格永遠不過時。一個個故事中蘊藏著哲理，一個個道理又以說故事的方式智慧出場，就如同創作〈富春山居圖〉的元代大畫家黃公望饒有深意的說法：「畫畫沒什麼，不過就是個『意思』嘛！」

這「意思」究竟是什麼意思呢？不難解釋，就是「讓人不由自主的往下想」。你懂了，心靈受到震動，那是一種舒服的、了解的感覺，雖然你並不是創作者本人，可彷彿他的經歷就是你的經歷，他喜悅時你跟著微笑，他悲傷時你隨之流淚，這「意思」二字，想必就是「共鳴」吧？

本書的主題很明確，即是將生命中遇到的各種「挫折」作為「謎題」，「答案」卻要你自己去琢磨。你隨著親切優美的文字，走進十六位名家的心靈花園，從「七老八十」的爺爺、奶奶：孫幼軍、馬景賢、金波、林煥彰當年無心肇禍的悔恨、失學之苦、貧困之苦、病痛之苦等親身經歷，到叔伯、阿姨輩的馮輝岳、董宏猷、樸月、祝建太、賴曉珍、張嘉驊、殷健靈、陳月文、林芳萍、嚴淑女等人的考場失利、教室受辱、意外傷害、喪失至親或工作失利等磨難，你會發現，都印證了德國小說家赫曼・赫塞所寫的：「坎坷的人生習以波折調味」。再從認識自我、克服困境到謝武彰以愛迪生為例，陳幸蕙以「受傷的地球」為關懷對象，也同樣圍繞在一個大愛的範圍內強調：年輕人如果心中有了學習的典範，則何處沒有溫暖？何處沒有希望？

好文章等待好讀者，相信你是的。

目錄

心痕

支點

扭轉

心痕

無心闖禍，造成難以釋懷的愧疚；
抗拒背書，弄得自己天人交戰；
考場失利的懊惱；
被老師誤解的憤怒……
那是梗在心裡的疙瘩，劃在心上的傷痕……

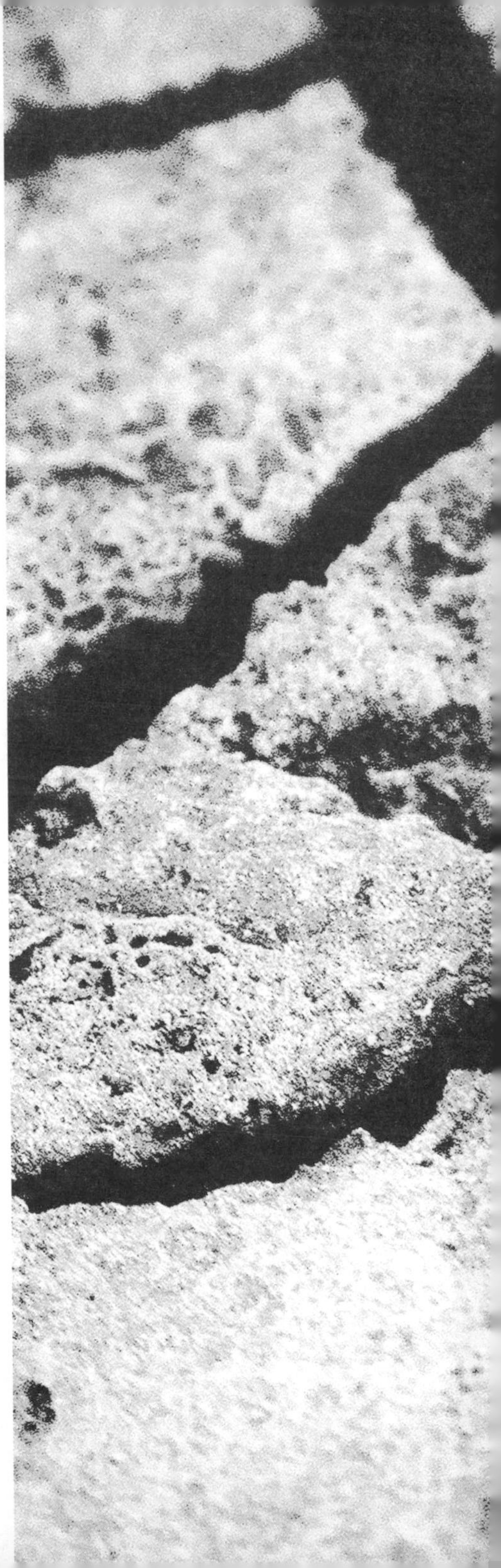

背書

◎陳月文

老師說得斬釘截鐵，明天國文課的第一件事，
就是聽我背書。
看起來，我是逃不掉了！
可是，我又不想如此束手就擒！

叮噹，叮噹，下課鈴聲響起，看著老師走出教室的身影，我心好沉。

「陳月文，還不快去搶籃球場地。」曹玉芬抱著籃球過來邀約。

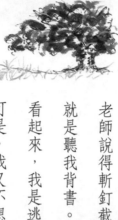

「你自己先去。」我一點兒也提不起勁。

「怎麼啦？」玉芬果然是我的死黨，立刻察覺到不對。

我低下頭，沒有回答。

「是不是因為背書？」

「就是嘛！」我狠狠的嘆了口氣。

「放學後我們再一起背就好啦！」玉芬就是這樣，什麼事都不在乎。

我忍不住發出牢騷：「懂就好了，幹麼背呀！」我最討厭背書了！

讀書對我來講，一向是件容易的事，因為我從小就是個好奇寶寶，不但會主動睜大眼睛觀察周遭發生的事物，也喜歡豎起耳朵聽聞所有的談話和聲響。這樣的特質，讓我很容易掌握成人對我的要求與期許，學習事物也特別容易，因此頗得大人喜愛。

只是，我喜歡理解，不喜歡死記，也很討厭重複。一件事跟我說兩遍，我就會不耐煩；一件事做過了，就不喜歡做第二次。因此，雖然我很喜歡國語課，也能迅速理解課文內容，但很討厭背課文。老師一向喜歡我，因此經常包容我這般對學習的執著，我也就得過且過的繼續自己的學習模式。

新學期的國文老師是個老古板，覺得學生一定要把課文裡聖賢的智慧裝進腦海，才算是真正的學習，因此強迫我們熟背每一課的課文。我仗著自己的小聰明，每次小考總能低空滑過。

沒想到，國文老師今天特別點名，要我在明天的國文課上，背誦《孟子・梁慧王篇》的「故天將降大任於斯人也⋯⋯」那一大段！老師還特別在全班面前損我，說我很聰明，如果能把聖人的智慧裝進腦海，那就不只會有小聰明，還會有大智慧，他要把我這塊璞玉，雕琢成好玉，否則就太辜負了上天的恩賜！

國文老師講那一大段假意捧我的話，不過就是為了實現他要我背書的目的，我才不想上國文老師的當！多少老師要我背書都鎩羽而歸，我的一世英名才不想栽在這位老古板的手上！

只是，老師說得斬釘截鐵，明天國文課的第一件事，也是最重要的一件事，就是聽我背書，他會等我背完書之後，才開始當天的課程。所以，看起來，是逃不掉了！可是，我又不想如此束手就擒！

一整天，我都在想著如何逃過明天的災難！假裝生病？不可能，每次感冒、發燒、流鼻水、咳嗽，爸媽都要我帶著藥水、藥粉一起上學，連生病都不可能不上學了，我想不出來還有其他可能逃學的機會。

如果明天不上國文課呢？那國文課時，我可以去哪呢？不可能一直躲在廁所吧！也不可能躲進健康中心！即使躲過明天，也逃不過後天的國文課，還有大後天……每一堂國文課！天呀，我該怎麼辦？

我很想問問那些很會背書的同學，他們是如何背書的？只是，拉不下臉來。因為，我經常嘲笑他們只會死背書，那是我看不上眼的！既然跟那些聽話的學生感情不是很好，這種時候當然也就不好意思拉下臉來請教。也許，他們也在等著看我的笑話呢！

回到家，媽媽看我臭著一張臉，問我：「怎麼啦！」

「背什麼書嘛！」

「哈哈哈……」媽媽居然大笑起來：「我還以為你很聰明呢，看來我錯看你了！」

丈二金剛摸不著頭腦，搞不懂媽媽葫蘆裡賣的什麼藥。

「你一向聰明，不喜歡重複，不是嗎？」媽媽問。

我點點頭，媽媽果然是知音。

「從小到大，我聽過你無數次老師要你背書。」

就是呀！老師們就是這麼死板。

「你不會煩嗎？」

「是很煩呀，早就煩死了！」那是我的真心話。

「沒想到你居然讓這個問題一再重複困擾你，看來，我太高估你了！」

媽媽的話，讓我重新看待自己所厭惡的背書。沒錯，過去有無數次老師要我背書的痛苦經驗，想必未來還會繼續不斷碰到老師要我背書！如果不想讓自己沉溺在這同樣的痛苦中，釜底抽薪的辦法，就是去迎戰它。

心念一轉，決定不再繼續被要求背書的魔咒罩頂。

一吃完晚餐，洗完澡以後，就把自己關進書房，攤開書，仔細閱讀孟子對梁惠王那段提醒。這麼靜靜閱讀的時候，忽然覺得那段話好棒，很值得把它牢記在心。於是，很用心的，一個字一個字慢慢念，把每個字都刻進我的心裡面。沒想到，念了五遍，居然就會背了，又念了五遍之後，居然就能很流暢的熟背了！

我高興的衝出書房，高聲大喊：「會背了！」，我開始大聲背出：「故天將降大任於斯人也，」媽媽也加進來，跟著我一起背：「必先苦其心志，勞其筋骨，餓其體膚，空乏其身，行拂亂其所為，所以動心忍性，增益其所不能。」

一口氣背完，我和媽媽雙手擊掌「Give Me Five」！

「耶！」歡呼收割！

第二天國文課，我在全班同學面前琅琅背出孟子的智慧，一面背著，心裡一面感激國文老師，既讓我跨越了自己學習的障礙，也讓我把這段經典記入腦海，我知道，當一個人遇見生命的重重困境時，孟子的這段話，將會成為引領你跨越的力量！

此後，背書不再困擾我，我也繼續透過背書，把許多聖賢的智慧裝進小小的腦袋瓜裡。感謝老古板國文老師，感謝孟子，感謝古聖先賢！當然，也感謝我的老媽，是她把我的心扭轉過來，讓我終於願意透過背書，把老祖宗的智慧裝進腦海，成為我思考和行為的準則。

真的，爾後的許許多多困境和挫折，古聖先賢的智慧成為一盞盞明燈，指引我前行的方向，以及該堅持的原則，那高遠的力量，磨利我的志趣與毅力，讓我得以攀越一重又一重生命的高峰。

品・意思

作者不愧為「過來人」，特別能把握求學時多數人視為壓力的作業：「背書」！文字清新，對話生動，本文活靈活現傳達了一個「喜歡理解，不喜歡死記，也很討厭重複」的學生的苦惱。

話雖這麼說，我們還是讀出了作者的用意。背書其實沒什麼難的，就是專心、用心體會字裡行間的意義，重複的誦讀就好比滷茶葉蛋，滷著、滷著，香味就出來了……。

我們不需要排斥背書，重要的是什麼內容值得背。

千萬不要小看「背書」的好處。背書可以鍛鍊我們的記憶力和專注力，把好文章「存」進腦子裡，讓我們「隨時享用」。出口成章、旁徵博引、穿古梭今，正是那些把「學問」早已記牢的人，在融會貫通下，不但充分表達了自己思想的深度，還可能因為得益書中的教誨，改造了自己的缺點和行為。

有一個牙醫朋友，在忙碌的生活中，不忘每天抽空背一首古詩，她的說法很有趣：「這樣可以讓我在任何情況下，都不會感到無聊！」

上山「練功」記

◎馮輝岳

眼前浮現升學考那天的情景，是太緊張吧？乍見試卷上的作文題目我愣住了，腦袋一片空白，竟擠不出片言隻字，眼看考試時間就要結束了，才匆匆忙忙寫了幾行，寫完剛好鐘聲響起……

在我成長過程中，遭逢的最大挫折莫過於初中升學考試了。

那時還沒有國民中學，國小畢業必須參加升學考試，錄取了才能念初中。從國小五年級起，全年級就依志願分成升學班和就業班。我徵求爸媽的同意，念了升學班。我們學校全年級共六班，甲乙兩班為升學班，丙丁戊己班為就業班。念升學班可真辛苦，因為升學考只考國語跟算術兩科，所以我們每天半天上國語半天上算術，並且大考、小考不斷，放學後還得留下來補習。

我的成績不錯，六年級時，已擠入甲班前十名，想不到那年暑假參加初中升學考試，竟栽了個大跟斗——因為分數低，沒考取初中本部，被分發到山上的分校去，而幾位小學時成績比我差的同學，居然考取了初中本部。我難過、自責、沮喪，心情幾乎盪到谷底。

上學第一天，同學相見，彼此面面相覷，彷彿都有滿肚子委屈和懊惱。分校只有一排教室，放眼望去，一片紅土，風一吹，黏得滿臉都是沙子。想到未來三年要在這「紅土高原」度過，眼淚不禁奪眶而出。

某天晚上，坐在書桌前，我靜下心來，細細檢討自己被分發到山上的原因，眼前浮現升學考那天的情景，是太緊張吧？乍見試卷上的作文題目我愣住了，腦袋一片空白，竟擠不出片言隻字，眼看考試時間就要結束了，才匆匆忙忙寫了幾行，寫完剛好鐘聲響起……

唉！都怪作文害了我。

國小老師不信我考得這麼差，還特地跑去幫我查成績，回來他也說我敗在作文，因為占國語總成績百分之四十的作文，我只拿了六分。

「從哪裡跌倒，從哪裡爬起！」對著窗外的夜空，我告訴自己：「就當作上山練功吧！」

我發誓要把作文的功夫練好。上了初中，作文課時我總是特別用心，在國文老師引導下，我認真的學習，希望把每一篇作文都寫好。學校還沒有圖書館，僅有一間小小的閱覽室，架子上擺著幾本刊物，似乎很少人拿來看，我卻視如珍寶，一有空閒，就前去翻讀，看到美好的句子，立刻抄錄下來，每天回家，我都會拿出筆記簿，誦讀裡面的名言佳句。作文簿發下來，我先更正錯別字，再依老師的評語修改，謄寫一遍以後，念一念，再修飾，直到自己滿意為止。一年下來，隱隱感覺自己的語文能力提升了不少。

二年級的時候，換了一位師大剛畢業的國文老師，上了幾堂作文課，他說我們寫的文章都太八股，也太拘謹，給人放不開的感覺。這位李老師鼓勵大家發揮想像，大膽的揮灑。我彷彿開了竅門，面對題目，稍稍構思，腦海已擬妥大綱，提起筆來，我盡情傾洩心中的想法與感情，一會兒工夫，就洋洋灑灑寫了一大段，常常寫得欲罷不能哩！「感情奔放」、「敘述生動」，是李老師常在我作文簿上寫的評語。不過，有回李老師告訴大家，文章寫得長、有內容固然好，但也要懂得剪裁和取捨。我直覺老師是針對我說的……

上了三年級，李老師不教我們國文了，來教我們的是個兒高高的鄭老師，外表看來很嚴肅，國文教學卻有一套，印象最深的是，他常在講課中帶入古時文人的生活軼事，讓大家輕鬆走進文言文的情境裡。鄭老師的作文課偏重文章的賞析，他找來許多名家的作品，一一分析它們的結構，讓我大開眼界，也因而對文章的鋪陳和表達技巧，有了更多的認識，二年級時那種無拘無束、天馬行空的寫法，經過鄭老師的指導，總算收斂一些，寫出來的文章不僅段落比較分明，也更有層次了。

山上的六月，蟬聲唧唧，學校沒有禮堂，也沒有鳳凰花。我們站在升旗臺前參加畢業典禮，金燦燦的陽光灑在我們身上，我想著：三年就這樣消逝了，就要揮別這片「紅土高原」了，心中有離愁，有不捨，也有歡喜。

我分別報考高中聯招和師範學校。說真的，當老師是我從小就有的夢想，我內心是多麼盼望考上師範學校呀！考取了，不僅享有公費待遇，而且一畢業就有學校等著你去任教。若只考取高中，將來還要考大學，爸爸耕著租來的三分地，維持一家的生活已夠拮据了，哪有能力繼續供我讀書？不過，當時許多同學的家境，大概都跟我差不多，光是我們學校報考師範的就有一百多位同學。

考試那天，走進設置考場的學校，我嚇了一跳，偌大的校園裡，走廊、操場、樹蔭下，到處擠滿了考生，原來，這麼多人想當老師啊！

第一堂考國文，試卷上的題目，我大都答得出來。作文題目是「假如我是老師」，對於從小就夢想當老師的我來說，真是太好發揮了。我一點都不緊張，從容的寫著，只記得自己寫得十分順手，很快就完成一篇自認滿意的文章。倒是第二堂的數學科，考倒了我，它不考初中代數，盡考些國小高年級的應用問題，隔了這麼久，誰還記得解題的方法？走出考場，但聞一片唉嘆聲，好像每個考生都被考倒了。不過我仍抱著一絲希望，希望國文科的作文能幫我掙得高分，這樣也許可以彌補數學科的不足。

七月中旬，高中聯考放榜了，我考取了第一志願，因為不出自己所料，所以僅高興一下下。八月初的一個上午，我和爸爸正跪在水田中除草，住在附近的堂叔，從報上的榜單裡找到我的名字，急急跑來告訴我考取師範的消息，我以為是做夢，伸手揩了揩額頭的汗珠，卻抹了一臉泥巴。爸爸仰起頭，不相信似的問堂叔：「是真的嗎？是真的嗎……」是真的，我考取了師範學校。而且你相信嗎？全校一百多人報考師範，只有我一個人錄取。

我高興的心情，只能用「雀躍」來形容，因為我即將實現當老師的夢想，爸媽也不用為我的學費發愁了。我心底不停的喊著：「我爬起來了！我爬起來了……」我自己最清楚，能夠考取師範，是作文幫了我大忙。升初中考試時，我被作文打倒；這回我征服了作文，讓它成為我的助力，我終於「從哪裡跌倒，從哪裡爬起來」了。

品·意思

考場失利，是許多考生痛苦的經驗，但最讓人懊惱的，還是栽在原本拿手的項目中，這有點像飛毛腿賽跑的時候，一不小心居然滑倒了，落得考上初中本部的分校——放眼一片紅土，偏僻簡陋，不禁難過得當場眼淚奪眶而出。

作者是純樸的農家子弟，當老師是從小的志向，因為喜歡讀書，家境卻不允許，如果能考上公費師範，就是夢想的實現了。

本文即是他奮發向上的成長故事，其中包括不少「作文祕笈」值得效法。一般人以為只有名校才出名師的觀念其實是偏差的，文中的李老師和鄭老師是多麼讓人敬愛啊！

樸素的文筆，內斂的才情，小說家黃春明被譽為臺灣鄉土文學大家，在我看來，為青少年兒童寫下無數愛鄉愛土好作品的馮輝岳，也是臺灣鄉土文學大家。

老頭兒和擔子摔一跤

◎孫幼軍

老頭兒挑著擔子盡量向路邊靠，
已經給我留出了路。
偏偏自行車作怪，我愈想讓它避開，
它愈是照準了老頭兒的擔子直衝上去……

那一年我九歲。我家流亡關內，客居在北京府右街的一條小胡同裡。懂三種外文、滿肚子墨水的爸爸去舊貨市場上「做點兒小買賣」。爸爸會做什麼買賣？不過是把家裡一些「存貨」，諸如外語辭典、照相機、結婚戒指之類拿去變賣。一件件東西化作「混合麵」貼餅子，進了我們的肚子。

被賣掉的厄運很快降臨到爸爸心愛的自行車上。那是一輛德國製造的「飛鷹」牌賽車。爸爸在日本侵略者手裡受酷刑還沒過多久，心臟的情況很糟，根本沒辦法騎車，所以那輛車進關之後，一直被破麻袋片兒和草繩纏繞著，塞在床底下。

爸爸動手組裝那輛車的時候，我始終在他周圍轉來轉去，說是「幫忙」，還不如說「添亂」。組裝完成，兩個輪胎打足了氣之後，爸爸拍拍我肩膀，笑著說：

「推出去試試吧！」

他一定是早聽出了我肚子裡小算盤「叭叭」的響聲。

我喜出望外，推上車就出了四合院兒，生怕爸爸會變了主意似的。

我「試」得相當順利。不知道是由於我五歲時曾騎過爸爸給我買的一輛小自行車（和大自行車一樣，只不過後輪兩側各支出一個小輪子），還是溜冰練出的平衡能力幫了我的忙。我右腳踩著腳蹬子，由南往北又由北向南地滑行了一會兒，就跨了上去。

跟頭似乎也摔了幾個，可一點兒也沒影響我的情緒。胡同裡原本安靜，此刻颳著刺骨的北風，就更不見人跡。我感受到速度帶給我的歡樂，越騎越快。

我闖了禍！

在胡同一端，我剛猛拐過去，就看見一個賣烤白薯的老頭兒迎面走來。我慌了，根本沒想起要踩閘（那輛車是腳煞車的），只顧大喊大叫。胡同並不窄，老頭兒挑著擔子盡量向路邊靠，已經給我留出了路。偏偏自行車作怪，我愈想讓它避開，它愈是照準了老頭兒的擔子直衝上去。自行車撞翻了擔子前端的大鐵桶，我又從車座子上飛起，給了老頭兒第二次打擊。

鐵皮大桶翻了，裡邊烤熟的白薯連同煤火一起傾倒出來，散落滿地。有幾個白薯滾出去好遠，摔破了，露出紅瓤子。老頭兒也跌了個仰面朝天。

他又急又氣，爬起來，凶巴巴地衝著我喊叫。我嚇壞了，坐在地上呆望著他，不知如何是好。

老頭兒忽然可憐我了。他嘆了一口氣，走上來扶起我，替我拍掉身上的土，一邊問我：

「摔著沒有？」

見我還呆呆地站在那兒，他又朝我揮揮手：

「玩兒去吧！」

我萬沒料到會有這樣的便宜事，立刻扶起自行車，溜之大吉。

接連有好幾天，我不敢出門。躲在屋子裡，腦海中總想著那個老頭兒。他的一雙手又乾癟又粗糙，棉襖露出敗絮，為抵禦寒風，上面還紮了一道破麻繩兒。那張滿是皺紋的臉，怒氣一散，就只餘愁苦。他絕不是你們在大街上見到的那些賣烤白薯的——年輕力壯，穿著皮夾克，臉上一副財大氣粗的神氣。我原本應該一回到院子就告訴爸爸真相，拿些錢，把摔爛的白薯買下來。至少，我也該留下，幫他收拾一下，表示我心裡的歉意。

可是我什麼都沒有做！

五年以後，我讀初二的時候，從同學手裡借到一本聞一多的詩集。那裡邊有一篇是寫一位賣水果的窮苦老人的。開頭的兩句是：

「老頭兒和擔子摔一跤，滿地是白杏兒紅櫻桃。」

只讀了這兩句，早已淡忘了的那位賣烤白薯的老人，又在我眼前浮現。詩裡還有：

「手破了，老頭兒你瞧瞧！」

「都給壓碎了，好櫻桃！」

顯見是過路人提醒他，他卻完全沒理會自己的傷痛，一心為他的水果懊喪。那個賣烤白薯的老頭兒也正是這樣子！他摔得那麼重，究竟傷在哪裡，不管不顧，只奔過去抓他的爛白薯。詩中最讓我動心的是老頭兒的呼叫：

「這叫我怎麼辦？怎麼辦？回頭一家人怎麼吃飯？」

那時候，雖重病纏身仍拚死撫養我們的爸爸已經沒有了，作為長子，我首先體驗了「一家人吃飯」是怎麼回事。媽媽等米下鍋，含著淚把爸爸最心愛的那架德國名牌照相機交到我手裡。一家照相館為撿便宜，死也不肯講個公平的價錢，只是逼著我說。我哪裡知道價錢？又不懂「漫天要價」，試探著講了個數目，一見老闆兩眼放光，知道說少了，轉身就走。老闆卻追出來，老鷹抓小雞似的把我抓回店裡，說道：「你講出個價兒來就必須賣，這是規矩！」他的伙計又一旁敲邊鼓，說你跑什麼，東西一定是偷來的吧？巧取加豪奪，那架相機只換取了一家人的幾頓粗茶淡飯。是啊，吃飯，你必須為吃飯付出沉重的代價！

我完全明白了那位被我撞翻擔子的老人何以會發脾氣，而拍掉我身上的土讓我走，又包含了多少寬容和愛心！

我帶著悔恨念誦著聞一多那首詩，念得至今還背得出。

自那以後的半個多世紀裡，我再沒撞過人。我騎車很注意，尤其注意老年人。不論事情多麼急，只要前邊出現老年人，我立刻減速。

我感謝那位和擔子跌一跤的賣烤白薯的老人！

——選自《一盤花式蛋糕》，民生報，二〇〇〇年三月

品・意思

小時候我們總是膽大心不細的，小時候我們總是嗆嗆呼呼的，小時候我們不但毛毛躁躁、調皮搗蛋，還呆頭呆腦的！

這是一篇心酸與溫馨交織的童年故事，作者是鼎鼎大名的中國「童話大王」孫幼軍，已近八十高齡了，難怪生長背景是一個很不一樣的時代：八年抗戰伴隨著饑荒，受到日本人迫害的一家人以典當為生。

九歲的孫幼軍試騎著爸爸的自行車在胡同裡闖了禍，他一不小心把賣白薯的老爺爺給撞倒了，把烤熟的白薯桶也撞翻了！狼狽啊，摔爛的白薯露出了髒兮兮的紅肉……

你好奇的把故事往下看，作者是如何生動的描寫了這個滿是皺紋的可憐老人和這嚇傻了的可憐孩子！你不禁要流下兩行同情的淚。

在困苦失意的日子裡，你看到那一線人性光亮的晨曦，溫暖穿透了黑雲與凜冽的北風了嗎？在仁慈與寬容中，你學會了犯錯時應有的反省和如何彌補錯誤了嗎？

討厭米老師

◎殷健靈

我喜歡在上課的間隙側過頭去，呆呆地凝視著微塵想心事。

可是有好幾回……

卻在無意中瞥見了門洞外一隻朝裡窺測的眼睛。

一旦眼睛出現，教室裡頓時鴉雀無聲……

我上小學六年級的時候，剛剛步入青春期，人突然又瘦又高，笨拙得像隻長腳鷺鷥。腦筋也不太好使，尤其在做數學題時，總是轉不過彎，把媽媽惹得很著急。問題還不僅僅是這些，我時常會莫名其妙地煩躁不安，討厭別人喋喋不休，還喜歡做一些荒唐而遙遠的白日夢。

那時候，我固執地對級任老師懷著排拒感，因著一些微妙而複雜的羞於啟齒的緣故。級任老師姓米，扁平臉，五十歲左右。我第一次見到她時就有些失望，因為她長得不如前任老師端莊，臉上少了一點和善與慈祥。十多歲的女孩子已經懂得察顏觀色了，很容易對別人抱有成見，那個年齡的孩子已逐漸將披在老師身上的神祕面紗慢慢剝去，變得頭腦清醒和桀驁不馴。那一刻我坐在最後一排的座位上，細細地打量著米老師，很快便發現她的一個小毛病：說話時唾沫四濺。白色的唾沫沾在她的嘴角上，讓我覺得渾身不自在。

當然，這並不是我反感米老師的真正原因。那一年，我們教室設在四樓朝西的第一間，邊上隔幾級臺階，是一個堆放雜物的平臺，平時總有一線金黃色的光柱透過屋頂上的天窗射下來。那光柱正對著教室後門上的一個小洞，當太陽升起的時候，那個小洞也變得光耀起來，有一絲明媚的光線斜斜地漏進來，裡面似乎有無數顆微塵在翻動，如一幅生動的畫面。我喜歡在上課的間隙側過頭去，呆呆地凝視著微塵想心事。可是有好幾回，我找不到那跳動的光柱，卻在無意中瞥見了門洞外一隻朝裡窺測的眼睛。一旦眼睛出現，教室裡頓時鴉雀無聲，這個小小的門洞竟成了米老師的「第三隻眼睛」。

米老師其實是盡職的級任老師。每次下課後都來教室察看，督促學生擦黑板或是放下課本休息一下。我們三個女生喜歡趴著欄杆，一邊眺望遠處的山，一邊添油加醋地描述昨晚自己做過的夢。「說夢」是那陣子頗為流行的遊戲，說的人繪聲繪影，聽的人凝神屏息，如臨其境。那時，還會有三兩個女生圍著米老師問長問短，或勾著米老師的脖子，或是湊著她的耳朵。瞧她們甜膩膩的親熱勁，我覺得心裡一陣不舒服。

米老師在我的品德評語上寫「性格過於內向」，嫌我同她不夠親近。我猜想一定是因為我沒有勾過她的脖子，她才認為我跟她不夠貼心。愈是這樣想，心裡就愈賭氣。我嚴肅的警告我最好的朋友詠兒「不許再當眾哭」。詠兒是個性格懦弱的女孩子，時常因為一些雞毛蒜皮的過錯，被米老師當著全班的面數落，就滴滴答答地掉淚，有一次竟痛哭著賴在地上，連我都覺得丟臉，米老師決不會因為她的眼淚而喜歡她。我對詠兒說：「我們一定要爭氣。」詠兒專注地看著我點點頭，鼻尖紅紅的。「爭氣」是我們那時常用的字眼，它的內涵很狹隘，無非是學習努力，不依賴別人而已。

這是我有生以來第一次體驗不喜歡一個人的感覺，這古怪的很惱人的感覺把我弄得很不舒坦，但我又一時無法改變這樣的狀態，只能不情願地忍受。

六年級下半學期，因為近視，我換到了第一排。米老師習慣上課時把手撐在我的課桌上，我可以趁她不注意的時候觀察她的手指。米老師的手指鼓鼓脹脹的，透著微紅的血色，薄薄的皮膚上有幾道細細的皺紋。我一向喜歡纖長的白白的手，而米老師臃腫的手指卻讓我感到討厭。我的桌面上時常濺有一點點米老師的唾沫星子，我看著它們風乾，消失。有一次，竟有一滴濺在我的嘴唇上，我不敢用手去擦，生怕米老師發現；後來整整一天，我的脣上都保留了涼絲絲、髒兮兮的感覺。

我在紙上畫了米老師的像，在她臉上點了一粒粒雀斑，還把她的頭髮畫成難看的「卷卷毛」。畫完後，總是做賊心虛地把紙撕得粉碎，扔進校園後面的垃圾堆裡。我的心態複雜極了，既對米老師充滿反感，又擔心被她窺出這一祕密。每天上學都提心吊膽的，觀察米老師對我的態度變化，夢魘般地想像某一天米老師會把我拎出去，朝我厲聲吼道：「你怎麼可以討厭老師！」

那是一段疙疙瘩瘩的日子。天空晦暗地罩在我的頭頂，學校走廊裡白白的石灰褪了色，現出赤裸的磚牆，向我顯示著升學考試前的嚴酷。我的心情很不好，因為對米老師的排斥感，生活也弄得亂糟糟的。我望著米老師抱著大疊的作業簿站在教室門口，她的身體擋住了室外的光線，我的心裡升騰著灰色的無望的情緒。

我開始拚命地複習功課。幸運的是，數學成績很快有了轉機，時常能得到光彩的分數，對自己也逐漸有了一點信心。我努力把消極的情緒從心裡驅逐出去，巴望著早日畢業脫離米老師的控制，猶如在黑暗中企盼光明。我竭力想擺脫的其實是阻滯自己前進的不明朗的心態。

臨近畢業的那段時間，米老師明顯的消瘦下來。她的消瘦使我有了一種模模糊糊的茫然，她的手依舊時常撐在我的課桌上，手指上的皮膚變得蒼白而鬆弛。它讓我感到米老師的疲憊和乏力。我隱隱感覺米老師是因焦急和奔波而顯憔悴，那時候，據說她遍訪了每個學生的家。米老師在一個星星閃爍的夜晚叩響了我家的門，我不情願地站在門邊，看著媽媽一臉嚴肅地聽米老師說話。米老師轉過頭對我說：「你一定能考好。」聽著她的話，注視著她越顯疲乏的表情，我的心裡驀然有了一些感動，這些感動令我稍有汗顏。

後來，我在升學考中彌得了第一名，實現了「爭氣」的諾言。拿到成績單的那一天，我如釋重負地把所有的不快拋到九霄雲外。畢業典禮上，我看著米老師站在講臺前與我們話別，心中的陰影已掃去了大半。我突然發現，米老師的眼睛裡也瀰漫著和其他中年女性一樣柔和的光波。這樣的目光令我心生懊悔，我暗暗地對自己說：為什麼要把自己的心緒攪得很糟糕呢？討厭別人真是於己於人都無益啊！

這是一個難忘的教訓。以後每每對別人感到一點點不滿的時候，我都會在他的身上尋找長處，無論他是同輩還是長輩，因為我不想讓別人傷心，更不願讓自己回到六年級時那段灰暗而難堪的心緒中。

——選自《純真季節》，少年兒童出版社，一九九六年

品・意思

好惡之心是人之常情，特別是正值青春期的學生，往往憑著一股似是而非的情緒，來決定自己「喜歡」和「不喜歡」。米老師正是這樣一號「令人不舒服」的人物：她長相平凡，說話時唾沫四濺，甚至有一次濺上了「我」的嘴唇！還有米老師臃腫的手指鼓鼓脹脹，透著微紅的血色，實在很難看，也讓「我」感到討厭；更受不了的是米老師會在課間透過教室後門小洞偷窺學生在教室的動靜，臉上總是少了些和善與笑容……

作者用細膩的文筆描繪成長期女孩兒特別敏感的心思，「以貌取人」之外，也對老師「監聽」的「小人作風」和嚴厲教學感到排拒，於是讀者跟著作者的心情起伏，既同情她的感受，也不知不覺接受了她內心對米老師反抗的理由。然而剝洋蔥似的峰迴路轉，作者透過不斷的努力和自覺，終於換了一個角度重新認識老師感動人的「一顆心」，原來，應該改變的，是自己的偏見啊！

生動寫實的校園生活，很接近你我的成長經驗，是不？

留在臉上的雷聲

◎張嘉驊

鬧鐘響的時候，連我自己也嚇了一大跳。
王老師循著鈴聲發現了我，把我叫到前面去，
又看到我穿著拖鞋，沒問什麼，
狠狠的就甩了我兩巴掌……

當我還來不及看清楚，王老師已經高高舉起右手，往我的左頰猛然揮下去。啪！才不到一秒，那隻手又以手背掃過我的右頰，發出同樣的聲

響。那兩道聲響，就像兩道急遽落下的雷，從此留在我的臉上，直到許多年後還能讓我感覺到如受電擊般的驚恐。

一切的災難起因於一雙拖鞋和一個鬧鐘。

要怪就怪下雨天。一連一個多星期，天空老是下著滂沱大雨。皮鞋溼了，布鞋溼了，穿了好幾天的塑膠雨鞋上課，悶不透氣，穿得腳底都長了泡泡。那天一早，急著到學校去，沒有多作考慮便穿著拖鞋出門，心想：反正是下雨天，上的又是暑期輔導班，應該沒什麼關係吧！

要怪就怪手錶壞了。前一晚明明還能動的手錶，在睡了一覺後就不走了。那天出門，隨手抓了鬧鐘放在書包裡，想把鬧鐘當手錶來用。沒想到這個鬧鐘卻引來鄰座同學的惡作劇，趁我不在時把鬧鐘鳴響的時間調在王老師的國文課，存心想看一場好戲。

鬧鐘響的時候，別說其他同學，連我自己也嚇了一大跳。

王老師循著鈴聲發現了我，把我叫到前面去，又看到我穿著拖鞋，沒問什麼，狠狠的就甩了我兩巴掌。

那兩巴掌，轟轟如雷的巨響，打掉了我在其他同學面前的尊嚴，讓我這麼一個在國二暑假才剛轉學到這所學校來的轉學生，不知道怎麼樣才有勇氣在班上繼續生存下去。

那是一九七七年。我永遠記得那年的夏天，由於爸爸職務上的調動，我們在七月底搬了家，我就從雲林縣的口湖國中轉學到虎尾國中，插班進入王老師的暑期輔導班。這位王老師正是學校拉抬升學率的名師。

暑假結束後，我被調到新的班級。上課才第一天，就完全明白自己被調到什麼樣的班級。老師在講臺上草草率率的講課，學生在底下鬧哄哄的，有的還趁老師轉身沒注意時，把揉成的紙團互相丟來丟去。在那時刻，我才了解一定是王老師要求學校把我調到這種「放牛班」，因為他認為我不夠資格留在他的班上。

開學的第一個星期，我過得非常痛苦，心裡一直懷念著先前的學校、老師和同學，老想轉學回去。

我那當警察的爸爸，回家看到我悶悶不樂的樣子，問明了原因，氣得額頭上暴露青筋。星期日，他刻意穿起那套派出所主管的制服，騎著單車帶我去校長家找校長，以一種異常「客氣」的口吻要求校長把我調回原來的班級。

回家的途中，爸爸一反過去那種嚴厲的態度，對我平和的說：「孩子啊，人若受了屈辱，就得爭口氣！你以為爸爸是一帆風順當到派出所的主管嗎？爸爸知道你是能讀書的。你的老師若真的瞧不起你，就拿出一點真本事給他看，尤其是國文。」

從小到大，爸爸都是用教訓的語氣在管教孩子的。但那一次，我感覺很不一樣。我感受到爸爸是以一個經歷很多事情的男人的身分在跟我說話，也讓我感受到爸爸真的很關心我。聽完爸爸說的話，我在心裡暗自發誓，就算不回到原先的班級，我都會拚一次命給大家看。

可是第二天上學，教務處的人就把我帶回到原先的那個班級去了。同學們都很驚訝的看著我，擔任班導的王老師對我這個學生的去而復返，則從頭到尾都沒說過一句話。

國三的生活一開始就過得很尷尬。不久，除了尷尬，還多了一份恐懼，而且心裡的痛苦始終沒少過。

王老師教的是國文，對同學的國文成績要求很嚴格。不論大考小考，他都以九十分當作及格的標準，每少一分就打一下。那一下不是普通的一下，連續打下來常打得同學們忍不住縮手，事後都得在手上抹一層綠油精或萬金油。

要通過他的標準其實很不容易。這是因為他把所有的注釋和翻譯都寫在黑板上，要求同學抄在課本或筆記本，然後在考試的時候如他所寫的那樣寫出來，漏一個字就扣一分。

在班上，所有的同學──包括第一名的同學──都曾挨過王老師的鞭子，唯獨我沒有。我的國文考試成績始終保持在九十分以上，甚至滿分。我很清楚，與其說我在害怕王老師的鞭子，不如說我想證明自己的能力──你以為這樣的考試就能把我撂倒嗎？沒那麼簡單！就算是死背，我都會考出一個分數給你看！我真的做到了。只不過，當王老師在處罰其他同學的時候，不知怎麼回事，我的臉頰總會感到一陣灼熱，接著在耳邊響起轟轟的雷鳴。

那兩巴掌想必成了我的心理創傷，因為每當日後想起國三的那些事情，我都會感到忿恨不平，而不只是感到疼痛。

要是受到了屈辱，總要想辦法來加以「回報」，不容別人再像王老師那樣來對待我，這似乎成為我長大後處世的行為模式。有朋友真心的勸告我，說我人很善良，對別人也很好，就是容易為看不順眼的事情發脾氣，實在不太好。其實我不說，朋友都不會知道，我所發的這些脾氣都只是在要求最起碼的「公義」，都只是在彌補心中的那道創傷——小時候挨了兩巴掌，無能為力，長大後有了力氣，再遇到類似的事情總不能不懂得反擊。

直到我在人生的旅途上遭受到比那兩巴掌更嚴厲十倍、百倍的打擊，滿懷的怒氣和恨意無處可以宣洩，竟因此差點毀掉自己。在那時候，我才發現我必須學會如何原諒別人，更必須學會如何原諒自己。只有寬恕才能將傷口撫平，而怒氣和恨意只會讓傷口加深。

於是在沉痛的反省裡，我釋放了在臉上駐留數十年的雷聲，讓它化成一場暢快的雨。

對於那位曾經對我心理造成嚴重傷害的王老師，我只想說：我無法認同您的教育方式，但對您辛勤而認真的付出，我仍充滿感激，在這個層面上我仍願意叫您一聲「親愛的老師」。

品・意思

讀完這篇文章，好似看見大海裡的一葉孤舟，載沉載浮。濁浪濤天不由得不懼，極目眺望，哪裡是安穩的港口？船上的傷心人是多麼渴望有個溫暖的臂彎來依靠啊！

「校園霸凌」，是近年社會最「夯」的討論議題之一，大多發生在同學與同學之間的肢體毆辱。事實上，「霸凌」脫離不了「動口又動手」，經常受欺負的，不但是弱小者，也是弱勢者；校園霸凌人的對象，則不但是同輩人，更令文化教育者痛心的，竟然還包括了應以「傳道、授業、解惑」為天職的「老師們」！

作者的童年往事至今已過三十四年，心靈所造成的傷害，若不是秉性聰慧善良，可能早已成為今日黑幫老大。不相信嗎？一個從小缺乏愛的教育的孩子，種下的一定是一顆仇恨自卑的種子，以牙還牙，以眼還眼，這是自古而今未曾落幕的悲劇。因為「公義自在人心」的解決方式，一向是「各自表述」，受傷害者為了自尊而「復仇」，激烈的反應很可能是兩敗俱傷。

留在臉上的雷聲會消失，留在心上的雷聲呢？我以為，那種受屈辱的痛苦，遠超過英國小說家格雷安．葛林筆下形容的「就像用碎片戳入指甲縫那麼痛苦」。

令人喝采的是，已是專業兒童文學博士的張嘉驊，最終用「爭氣」，證明了自己的能力。

一個人也可以

◎賴曉珍

父親在底下喊：「快滑呀！好玩的呢。」

我別開臉，不敢看父親。

我滿心羞愧，不懂，為什麼所有孩子都愛玩的溜滑梯，

獨獨只有我害怕……

從小，我是個膽小鬼，總習慣在角落觀察其他孩子，做我覺得了不起、卻不敢做的事，滿心羨慕。

那是讀幼稚園的年紀，有一回，父親帶著全家到臺中公園郊遊，划船、跟小販買燒酒螺吃。抬眼，一座大象溜滑梯矗立在遊戲場中央，一群孩子聚在那兒，兩個哥哥見了也飛奔向前，只有我遲疑。我不敢玩溜滑梯。這是小小年紀的我心中的大祕密，家人都不曉得這回事。

不想顯露出自己的「獨特」，我勉強加入爭先恐後的隊伍，和其他孩子爬上大象背。可是當一個個小孩依序滑下象鼻子時，我沒有行動，只假裝在象背上遠眺四方風景，好像對往下溜不感興趣的樣子。

父親在底下喊：「快滑呀！好玩的呢。」

我別開臉，不敢看父親。小孩子能藏住多少心事呀，父親一見就明白了，他轉開臉，看哥哥們玩。我滿心羞愧，不懂，為什麼所有孩子都愛玩的溜滑梯，獨獨只有我害怕。

小學時學騎腳踏車也是。鄰居邀我一起練車的同齡女孩，一個下午就學會輕鬆上路了，只有我長期保持在「學騎」階段。

我定義自己是個膽小鬼，做事總要有人陪。下課和同班女生手牽手去上廁所、一起去圖書館、聽民歌演唱會、看電影和報名救國團暑期自強活動。我害怕獨自面對陌生人和未知的環境，總希望身旁有人給我壯膽、幫我出主意，甚至為我開口說話。跟好朋友吵架了就擔心，自己一個人什麼事都做不成，所以最好不要與人衝突，讓別人發表意見就行。

這種打著「安全牌」的生存模式，早年在父母保護下的年紀時還行，但隨著年齡增長，一個人必須獨自面對的情況愈來愈多。離家北上讀大學，住在女生宿舍的頭晚，面對同室七個全然陌生的女孩，我緊張不安，話說得又多又急促，生怕別人不喜歡我，交不到朋友。

我的神經質讓人誤以為是過度愉快的女孩。人際關係中的誤解，和無法適當表達自己，事後總讓我深感挫折。在我心中，明明有一個要「獨立」的理想狀態，但那個「依賴」和「明天再說吧」的惰性卻始終拉著我，讓我無法前進。

不曉得在哪兒聽到的話，大概是說：「如果有什麼事你不敢一個人去做，那你就一輩子不會去做這件事了。」

多年來我一直有個夢想，要到京都旅行。幾年前開始單身生活的我，始終懷疑自己「一個人」能不能做到。延遲的經驗告訴我，如果我不敢一個人出發，總滿心依賴、期待有人「帶」我去，那我是永遠到不了京都的。

好吧！我下定決心，這年四月到京都賞櫻。

我必須採取一個即刻的「行動」，作為宣誓，對自己證明願意改變。

就像一個老喊著要運動卻裹足不前的人，終於買了一雙慢跑鞋。

決定好出發日期後，我上網搜尋，找了一家有口碑的旅行社代訂機票和住宿旅店。正想著自助旅行原來很容易時，旅行社突然來電，說機位訂到了，但是京都四月是旅遊旺季，飯店間間客滿，抱歉訂不到房。

這下怎麼辦？腦海裡冒出千頭萬緒。如果，不管三七二十一出發，到達當地再找飯店或民宿好嗎？有朋友立刻警告我，一個女生在陌生城市裡拖著皮箱找住處很辛苦。「弄不好會露宿街頭，四月京都夜裡可凍的呢。」

愈想心愈慌。突然，每個小阻礙都變成了大問題。好麻煩哪！心中那個愛依賴的小孩跳出來向我抱怨：妳幹麼給自己找罪受，做什麼「一個人的旅行」？參加旅行團不是很好嗎？有人安排妥交通、食宿，還有規劃好的旅遊行程，多方便。

「妳說的有道理。可是……」我學著像個成熟的大人，跟心中的愛依賴小孩說：「這次的旅行對我有特殊意義，是我送給自己的禮物，我決定『新生活』和『獨立』的開始。如果這次我又中途退縮，我怕會變得愈來愈不信任自己，永遠不相信自己有能力實現夢想了。」

「一個人在京都亂逛，迷路了怎麼辦？」

「所謂迷路，只是暫時到一個『計畫外』的地方。妳放心，我會好好照顧妳，只要護照和回程機票別掉了，一定能完成旅程，平安回家。」我不斷的給愛依賴小孩打氣。

後來，聽朋友介紹，換了家旅行社，又多付了錢，對方終於即時為我訂到機票和飯店。

我終於飛到了京都，這個我高中時讀川端康成的《古都》就滿心嚮往的城市。一個人走出京都火車站，拉皮箱，在陌生的街巷裡尋找投宿旅店時，我腦海一陣暈眩，好不真實的迷離感。深吸一口氣，啊！這是京都的空氣，我和上百萬朵即將盛開、共同迎接春天的櫻花，一起呼吸的空氣呀。我不禁狂喜而撼動。

一個人的京都之旅，散步，走過幽靜的神社，坐在櫻花瓣紛飛如雪的哲學之道旁小店裡，吃碗熱呼呼的烤麻糬紅豆湯。

紅豆湯的香氣勾起我的記憶，我想起了當年那個不敢溜滑梯的小小的我，在週末無人的校園裡，「一個人」努力練習溜滑梯：我從滑梯爬上，先從離地五十公分處往下滑；再嘗試爬上一公尺處，再滑下……；一次又一次的練習，終於，我敢從頂端滑下來了。當時我好快樂。

還有，我「一個人」練腳踏車，整個月都在摔倒，回家自己擦碘酒或紅藥水，雖然比別人花更多倍的時間，最終我還是學會了。

原來，很早以前，我已經可以「一個人」完成許多事情。只是我往往忽略了這些小成就，忘了讓它們常駐心裡鼓勵我，給我力量，驅散來訪的恐懼、惰性和自我懷疑。

也許，我並不是自以為的膽小鬼。

我慢慢學會跟心中那個愛依賴的小孩共處，跟她說：想做的事，如果妳不試著一個人去闖闖，去學經驗，就會錯失了聽陌生人講故事的機會，也無法得到讀過的死知識獲得印證時，腦海裡發出「噹！」的一陣閃光。

那種喜悅與成就感，旁人難以理解，常常也只有自己「一個人」才能品味和享受。

品・意思

人的一生，其實絕大多數時候都是「自己和自己相處」、「自己解決自己的問題」，基本上，這是一個成長中必要的學習過程，有快慢之分、難易之別，看了作者誠實的告白後，連我也鬆了一口氣：「原來我們很像耶！」

如何換上「獨立」的新裝？很簡單！就是鼓起勇氣試試看！只要跨出第一步，就是好的開始。作者舉了一個獨自到日本京都旅行的好例子，就是「行動」。只要有行動力，潛能就會被激發。小學時我學會一首「每事問」的歌，歌詞頗為「勵志」：「我有一句好話，再試一下，一試再試試不成，再試一下……」做錯了，從頭再試一次嘛！誰會笑你呢？大家都有過同樣經驗嘛！一試再試總有成功的一天，驚天動地的國民革命經過幾次？你做的事有那麼「偉大」嗎？別緊張、別擔心、別害羞、別害怕！相信自己「行」，就一定會「行」的。如果真的不行，也許時機未到，先儲備一下勇氣，也沒什麼不可以。

逆境給了我一片大海

◎金波

我等於是被判了死刑。我的情緒一落千丈，精神萎靡不振，不知未來的日子如何打發。

我想遠離同學，遠離家人，離群索居，無聲無息地度過這短促的一生……

想起半個多世紀前的一場病，竟然改變了我的人生軌跡，至今仍讓我驚詫和欣慰，常常有一種莫明的喜悅湧上心頭。

初中三年級的第二學期，我每天想的是以後要考哪一所高中。因為我們都認為上小學的是孩子，上初中的是少年，上了高中就是青年了。我們對於上高中，心忐忑著，也嚮往著。就在這時候，我被醫生診斷患了肺結核。在那個時代，等於是被判了死刑。我的情緒一落千丈，精神萎靡不振，不知未來的日子如何打發。

我想遠離同學，遠離家人，離群索居，無聲無息地度過這短促的一生。

我被送到一所簡陋的療養所。

那裡，背靠山林，面向大海，風景是夠美的，但無法洗滌我心靈中的陰霾。我常常呆坐在陽臺上感受著海風吹來，傾聽著海浪滾滾。我的心無所依傍，無法排解孤獨的感覺。

漸漸地，我發現，每一個病人幾乎都能為自己找到一種精神寄託：有的學繪畫，有的學外語，有的聽音樂……。

我呢，我的精神寄託在哪裡？

我想起父親從我上初中一年級開始，就給我鋪設好未來的路，去學理工科，好從事工業建設。那可是我最不願接受的安排，但我又不敢違命。

現在好了，可以自由的安排我當下的生活了。我開始向圖書館借閱文學作品，我讀普希金的詩集，我讀冰心的散文，我讀世界名著，我把沉澱在我記憶中的童謠，一首一首的寫在本子裡。

我還有閒暇時間去看海，看海灘上的小螃蟹爬來爬去。落潮以後，去海灘上拾貝殼、拾海螺，那是最讓我高興的事。每次都會拾回一大包，有大的海螺，像號角；有小的貝殼，像耳朵。回來放在床頭，把玩不止。有時，就閉上眼睛，把海螺放在耳朵上聽，於是風聲、潮聲就呼嘯而來。

我也開始留心看山野裡的野花野草，聽草木叢裡的鳥鳴蟲嘶。記得有一次背著醫生和護士，去挖掘一種叫地丁的野花，因為熱，出了汗，脫去衣服而著了涼，開始咳嗽、發燒。那野花終於沒能移栽到花盆裡，讓我惋惜了很久。

這些經歷，我都寫成了詩，記錄在我那本厚厚的筆記簿裡。

這寫詩的衝動，我持續了很久，寫了整整一大本關於海、關於花、關於鳥的詩。我朗讀給病友聽，他們誇我寫得好，把我叫「文化人」。

由於成了「文化人」，療養所裡成立籃球隊時，都來求我取個名字。我記得我取過這樣的名字：「勇士隊」、「海風隊」、「浪濤隊」……

我愛上閱讀，愛上了書，以致有病友出院後，還寄給我厚厚的一本

《萊蒙托夫詩選》當禮物，至今我仍珍藏著。

後來還發生了一件事：一位病友大哥哥因為湊不夠醫院的伙食費，把他新買的一本《普希金文集》賣給了我。那是我第一次買這麼厚重的書。

普希金的詩，為我展開了更遼闊的視野。我讀普希金的〈我的墓誌銘〉，那是他十六歲時寫的帶有調侃意味的短詩，很幽默，讓我感受到詩人開朗的性格，也讓生病休學的我，心情隨著好轉。讀過〈致大海〉以後，我還模仿著寫了一大本關於海的詩。

普希金的許多抒情詩，如〈一朵小花〉，也在我內心低迴不已，對於這朵「遺忘在書本裡的小花」，詩人浮想聯翩：「是誰摘下的」？「是為了紀念溫存的相會，或是為了命定的別離」？我對詩中的一連串設問，做了種種猜想和答案，也構思了許多「同題詩」，來應和這首我喜愛的小詩。

那首膾炙人口的童話詩〈漁夫和金魚的故事〉，是我第一次讀到的童話詩。我不知讀了多少遍，幾乎可以背下來了。從此，我認定一個偉大的詩人也是有童心的詩人。

這本很厚的大書，可說是一本關於普希金的「小百科」，除了詩，還有小說、戲劇，還有他的傳記、年譜、插圖、照片，以及世界著名作家對他的評述，應有盡有。

我津津有味地讀著，那位病友大哥哥卻攢了錢想把詩集「贖」回去，被我謝絕了。我說，即使給我雙倍的錢我也不會賣。他無可奈何。

後來，當我恢復了健康，繼續讀高中的時候，我一直堅持閱讀和寫作。我一次次翻閱我寫的那本詩集，常常不自禁地笑起來。終於有一天，我把那筆記本付之一炬——但當年寫詩的感受，將永遠留在記憶中，成為我以後取之不盡、用之不竭的創作素材。

今天當我翻閱已出版的詩集時，我發現許多寫海的詩，都有那時的影子。

一直不變的是我對大自然和詩的熱愛，它們滋養著我的生命。

又過了半個世紀，我把這本珍藏五十多年的《普希金文集》送給了一所小學，作為「書香校園——兒童讀書學習節」的一份小小禮物——這是後話。

就這樣，那場病，堅定了我未來的志向，並且打下了基礎。我棄「理」從「文」，考上中文系，並在就學期間發表了詩歌，立志一生為兒童寫作。

現在，每當我回顧走過的人生路，我更珍惜這逆境中的時光。疾病雖然制約了我的身體，卻給了我精神上更多的自由，讓我的幻想騰飛，讓我的興趣恣肆發展。

逆境給了我一片大海。我面向大海，面對著生命中永不凋謝的浪花，濤聲永遠響在我心中。我感受到意志的力量、樂觀的精神，還有，對於逆境的思考和感悟。

大海，是在我逆境中展現的一片新天地。我懷念大海。我曾在一首詩中，寫過這樣的句子：

去看海，一路唱著熱情的歌曲
看到海，有讀不完的生命啓迪

品・意思

「再見吧，大海／你的雄偉壯麗／我將深深的銘記在心／你那薄暮時分的絮語／我將久久地久久地聆聽」

當我重讀十九世紀俄國大詩人普希金的這首〈致大海〉，不禁想起中學十五歲時讀我國詩人徐志摩的〈再別康橋〉，正是那句「我揮一揮衣袖，不帶走一片雲彩」啟蒙了我對詩歌的愛好，甚至因此在二十五年後，單獨走訪英國劍橋，繼續尋覓詩人那一片帶不走的雲彩……

詩人金波也正是在十五歲那年，因為一場慢性病，住進背山面海的療養所。在波濤的起伏、山的呼喚與清風明月、春草含芳的大自然撫慰中，愛上了閱讀，認識了詩歌之美，不但提筆成文，練習寫詩，更成為普希金的粉絲，熟讀熟背了許多名篇，永遠的留在腦海裡。閱讀、寫作，提振了小詩人原本萎靡不振的精神，病魔遠離了，健康也逐漸恢復了。

「禍兮福之所倚，福兮禍之所伏，」是老子《道德經》裡的一句名言，意思是：什麼是「禍」？什麼是「福」呢？其實都來自主觀的認定，沒有絕對的答案，禍與福，完全看你怎麼想，怎麼做，走自己想走的路，就一定能「活出自己的樣子來」！

「意志的力量、樂觀的精神，對於逆境的思考和感悟」，詩人提出這樣寶貴的忠告。

尋找自己的支點

◎董宏猷

我曾在碼頭上拉過板車，用汗水換來的錢去買書；每天放學以後，常跑到二手書店去看那些折價待賣的書，直看到天黑書店關門。星期天，就泡圖書館。好的書，無錢買，我就抄……

作為一個作家，尤其是一個兒童文學作家，我常常收到孩子們的來信。他們常在信中提出各種問題請我解答，而且，許多信中都問到：「你是怎樣走上創作道路？」湖南省芷江縣土橋中學初二某班的二十多位女同學，還一口氣提出十個問題，第一個問題是：「像我們這樣的人，長大能當作家嗎？」

每當我讀著一封又一封的來信時，我便沉浸在回憶之中。我常常想，我對文學的愛好，對寫作的愛好，究竟是從什麼時候開始的呢？追根溯源，應該回溯到我的學生時代，我讀小學的時候，我讀中學的時候。或者說，我開始喜歡語文課的時候。

是的，那時，我最感興趣的是語文課，我總是盼望著上語文課，盼望著寫作文，因為語文課最能展示我的特長和才華。上課時，我舉手最多，受到的表揚也最多。我寫的作文經常被評講或者被刻印出來。是虛榮心嗎？是自信心嗎？也許都有。但是，現在回想起來，是因為我找到了自己學習的動力和支點。

我覺得每一個人都應該有自己的支點，應該如阿基米德那樣自信：「給我一個支點，我可以把地球撬起來。」對於自己的支點，應該充滿自信，正如愛默生所言：「自信就是成功的第一祕訣。」有的同學數學好，有的同學外語好，有的同學學習成績不好但體育特棒，有的同學有一副好嗓子……，總而言之，每個人應該找到自己賴以自信的支點，以支撐起自己學習、奮鬥、爭取成功的槓桿，正如所謂的「自信人生二百年，會當擊水三千里」。

中國傳統的道德觀念總是提倡「中庸」、「平庸」、「人怕出名豬怕肥」，反對「冒尖」。這些傳統觀念壓抑、戕害了多少孩子的個性與才華！當然，當年我可沒有這樣的認識，只是憑興趣，但語文課終究成為我學習上的一個支點，一個突破口，一塊測試我的個性及才華的試金石。

當課堂內的學習已使我不滿足時，我便如飢似渴地撲向了課外閱讀。我酷愛讀書。為讀書而買書，我曾在碼頭上拉過板車，打過零工，用汗水換來的錢去買書；每天放學以後，我常跑到漢口交通路二手書店去看那些折價待賣的書，直看到天黑書店關門。星期天，就泡圖書館。好的書，無錢買，我就抄，有時整本整本地抄下來。中國古典名著以及外國十九世紀的許多名著，我都是在小學中學的課餘讀完的。高爾基有一句名言：「書籍是青年人不可分離的生活伴侶和導師。」托爾斯泰說：「理想的書籍是智慧的鑰匙。」而我則體會到：廣泛的課外閱讀是我學習，包括語文學習上的「力點」。因此，當我也成為一名語文教師時，我便大力提倡同學們開展課外閱讀，以開闊視野，拓展自己的知識面及收納資訊的能力。

看了那麼多的書，聽老師講了那麼多的「寫作特點」，我便躍躍欲試。先是盼望寫作文。每一篇作文都認真對待，總想堆許多形容詞和成語在上面。寫作文終究不能解渴，我便每天寫日記，偷偷地寫詩——無格律可言，純屬順口溜的古體詩詞、自由體的新詩……。這些詩，包括小學時寫的詩，我至今仍保存著。沒有當年的學步，便沒有今天的登攀。因此，經常性的練筆，是我綜合運用「支點」與「力點」的實驗與實踐。

這樣，我在課內的學習中，為自己創造了一個「良性循環」：對語文課的興趣促使我在課堂內學好語文；興趣和自信與由此激發的求知欲又促使我擴大課外閱讀；課外閱讀促使我拿起筆來大膽地進行寫作實驗；實踐的成功又進一步加深了我對語文課的興趣。這樣的一個「良性循環」，最終將我推上了文學創作之路——雖然在這條路上，我曾遇到過那樣多的坷坎、曲折、失敗⋯⋯。

我還想說，語文課的「良性循環」促使我全面發展。在小學、中學，我的各門功課都是「優秀」或「優良」。我愛美術，曾獲得武漢市第一屆少年兒童畫展甲等獎；我愛音樂和戲劇，也曾上臺演過歌劇、話劇；我愛棋藝，參加過市少年圍棋賽；我愛外語，初中時便囫圇吞棗地撲向《北京周報》等外文書刊；我愛數理化，凡爾納的科幻小說使我如醉如癡，福爾摩斯的實驗室更使我心馳神往；我愛政治，懷著強烈的興趣啃過不少馬克思、恩格斯、列寧的經典著作，雖然是好奇式的囫圇吞棗。

「良性循環」賦予我一個健全的胃。我什麼都愛嘗一嘗，都愛啃一啃，以吸收有益的營養。「多則廉價，萬物皆然，唯獨知識例外。」這廣泛的興趣與廣博的吸收，為我今天的創作打下了最好的基礎。現在，我們的語文課，往往成了技術性的「工具課」，在應試教育的壓力下，許多老師和家長，往往不讓學生閱讀課外書籍，尤其是文學作品。好像除了教學輔導材料，好像除了「優秀作文選」，閱讀課外書籍就是「不務正業」，這樣一種想法，恰恰是本末倒置，忘記了語文課除了「工具性」外，還擔負著人文教育的重任，擔負著給孩子們拓展自由的精神空間的重任。因此，在這樣的教學體制下，自覺地培養廣泛的興趣和愛好，盡量擠出時間閱讀優秀的課外書籍，努力擴大自己的視野，就尤其顯得重要。如果只安心當一個「考試蟲」，不主動尋找自己的支點，那麼，一個人最寶貴的少年時代，就可能在應試教育的折騰中消耗掉。

文章寫到這裡，又是寧靜的深夜了。我不禁想起我當「鄉村教師」時的情景。那時，我寢室的隔壁，就是學生宿舍。夜裡，我能聽見學生們笑聲、鬧聲和鼾聲，甚至悄悄話。那時，我常常熬夜寫作，陪伴我的，除了一窗星月，便是學生們那此起彼伏的鼾聲和夢囈了。而夢囈中，居然有人喊董老師。做夢的孩子當然記不得自己說了些什麼，然而這夢中親切的呼喚卻熨平了長夜跋涉者的疲乏。今夜，我好像又在跟我的學生們談心，我的心中總有一股溫溫柔柔的暖流在流淌。那麼，就讓我祝福我的小讀者們，你們中間，將來肯定會有人走上文學創作的道路，肯定會當作家的。那麼，從現在起，就請你們將腦袋長在自己的肩膀上吧！同時，祝福你們在人生的進程中，找到成功的支點、生命的支點。

——選自《我是男子漢》，民生報，二〇〇一年八月

品・意思

人生不能沒有夢，然而繽紛的夢想只是飄浮空氣中的美麗幻影，稍縱即逝。

實踐夢想，是要腳踏實地，無怨無悔付出代價的。

讀完本文，真是心有戚戚焉！我的作家成長之路，幾乎就是董宏猷的翻版啊！不錯，正由於我在學時的語文成績不錯，加上老師的稱許，父母鼓勵課外閱讀，原本一個平凡如扁扁小汽球的我，因此增加了動力，也鼓足了勇氣，「自信，是走向成功的第一步。」成為我最早提振自己的「座右銘」，與作者文中引述愛默生的「自信就是成功的第一祕訣」不謀而合！

我也認為，古往今來，所有完成夢想的人，都是以「興趣」作為理想的「支點」，以「自信」作為起步的「力點」，不斷的學習，吸收、鍛鍊、開拓視野心胸、培養廣泛愛好，無論運動、下棋、歌唱，繪畫、表演、烹飪、實驗、陶藝、攝影、旅行、甚至義工義行……就像作者說的：「我什麼都愛嘗一嘗，都愛啃一啃。」都將是深化「興趣」有益的養分，最後也成了追求幸福人生的美好「志趣」與使命！

你信也不信？大家一起加油吧！

樂當「今之古人」

◎樸月

偏偏考學校的時候，最重要的「成敗」關鍵，一定是那些「搖頭」科目！

所以初中畢業考高中的那個暑假，真是慘不可言！我參加了高中、師範和藝專的考試，全部落榜！

筆耕近四十年了！常被文友們取笑：

「你真是『今之古人』！」

「在現代，像你這樣的人，是『稀有動物』，已瀕臨『絕種』了！」

可不是嗎？現在有多少人像我這樣：喜讀的是古典文、史、詩詞，擅寫的是歷史故事、歷史小說。連寫詩，都不是現代「新詩」，而是傳統的舊體「詩詞」！

我知道這些話中並沒有惡意，甚至她們自己都承認：

「其實很羨慕！」

因為，許多當年被視為「現代」的作品，已經隨著歲月而成為「過去式」了。事實上，那些小說故事與散文話題，與現今的世代已經有太大的落差。除非成為「經典」，一般恐怕已很少會被提起乃至想起了。反而這些古老的「歷史故事」，是不褪色的；它本身已經是「歷史」，也不會再因「時代」推展而改變。所以不但「歷久彌新」，而且「古書」既永遠讀不完，寫作題材也是永遠寫不完的。絕不會發生「江郎才盡」，沒有題材可寫的問題！

至於我怎麼會成為「今之古人」的呢？那可說來話長！我是一九四七年在大陸出生的。生下來就先天不足。照我父親的形容：

「那時候，你哪有什麼搖籃呀？不就是我那隻鞋嗎？」

對這誇張的形容，我小時候還真深信不疑！甚至特別去「目測」了一下他的鞋。那大小，只裝得進一隻小貓咪；換言之，我出生時，就只有小貓咪那麼大！

初到臺灣，我家是少有的「雙薪家庭」，父母都上班。因為體弱多病，通常我都被關在家裡由女傭照顧。記得有一次，哥哥同情我，偷偷帶我出去「野」了一下。晚上父母就知道了；他不爭氣的妹妹，當晚就發高燒病倒了！怕擔責任的女傭告狀：

「哥哥帶妹妹出去玩！」

我們小時候別說電腦了，連電視都沒聽說過。生活中除了看電影、聽收音機，談不上什麼休閒娛樂。晚上父母下班，就用他們自己做的「方字塊」教我識字。不久，我就認識不少字了。為了給成天關在家裡的小姑娘解悶，父母提供大量的童書給我消磨時間。我看書的速度很快，一下就把字不太多的童書看完了。沒事做，就去書架上找大人的書看。記得我第一次讀《古文觀止》，年約六歲；提早上學的我，才上小二！當然半懂不懂的，但感覺十分有趣。而我的另一種「娛樂」，是父母下班後，晚上在燈下，把一些短詩小詞當「兒歌」，教我背誦。所以可以說，我從小就是在這些古典的文史、詩詞薰陶下長大的！

聽起來好像很「棒」，對不對？錯！這種「教育」，可把我給「害慘」了！因為這些「古典文學」的薰陶，造成我性向的「偏科」——直行排的文、史科目，是班上名列前茅「數一數二」的「優等生」；而英、數、理之類橫行排的科目，則是吊車尾「數一數二」的「憂等生」！所以我總說：我只適合讀「點頭」（直排）的書，不適合讀「搖頭」（橫排）的書。偏偏考學校的時候，最重要的「成敗」關鍵，一定是那些「搖頭」科目！所以初中畢業考高中的那個暑假，真是慘不可言！我參加了高中、師範和藝專的考試，全部落榜！最後「不幸」考上了高職北商，踏進我打心裡排斥的商科。

也許是心理的反激吧？我更把課餘所有的時間、心力投入我所喜愛的古典文學，開始了「自學」的生涯。我的父母非常無奈，只要求我能三年順利畢業，也不再阻止我「讀自己喜歡的書」。因為職業學校與高中所學的科目差異太大，因此我也無法如願考上心中嚮往的大學中文系。高商畢業，又讀了幾年商專。後來，有人問我當時的感受，我說「痛不欲生」。那是真的！但現在冷靜客觀的回首，那一連串的挫折，對我來說，或許竟是一件「好事」！

如果我真如願讀了中文系，我的人生，是不是會比現在「更好」呢？似乎未必。事實上，後來我才知道，在「中文系」的領域中，除了我所喜歡的那些古典文學之外，還有很多既難學又枯燥乏味，而且也許一輩子都用不到，像語音、訓詁之類的科目。即使是有趣的科目，因為大多是被動的「聽」，很可能會受到教授主觀意見的影響，而失去自己的思辨與想像空間。我曾經為了參加當時教育廳辦的「國文教師檢定」，而到大學去選修。發現聽教授「教」書，反而不如我隨興自由的大量閱讀，自己思考，融會貫通，找到自己的解答有趣。經過這些體會之後，我開始「慶幸」自己當初以為的「不幸」，和因而得以擁有自由多元的「自學」空間。所謂：「知之者不如好之者，好之者不如樂之者」，被動的學，必然不如自己喜歡而投入的「自學」來得深刻。而且有自己的選擇，不必花那麼多時間去上其實沒有興趣的「必修」課。

這些自學的成果，開啟了我的「文學之路」；首先是我的長輩，看到我努力自學的歷程，而為我開了《宋詞》和《詩經》的專欄。然後，一些機緣轉折，讓我有機會擴大寫作的領域，開始寫散文、寫歌詞、寫歷史小說，也應邀寫給兒童與青少年看的歷史故事，還寫傳記、寫歌劇……這些陸續開啟的文學之路，大多仍是植根於我從小喜愛的文史、詩詞上。我是因為在歲月中累積的「古典文學」素養，而受到賞識，得到這些別人羨慕的機會的！

現今，擁有碩士、博士學位的人非常多。相形之下，我的「學歷」實在不太拿得出來見人。但，現在又有誰會來問我的「學歷」呢？人們所認識的「樸月」，與學歷一點關係都沒有！應該說「皇天不負苦心人」吧？我曾因性向而失意於求學的路途，卻因喜好而努力自學所累積的根柢，造就了今日的「我」！

品・意思

一九八七年，樸月在時報出版公司出版了她的第一部歷史長篇小說《西風獨自涼》時，她已經在古典文學的園地裡默默耕耘了近二十年，如今，她已成為臺灣少數專攻歷史小說及歷史傳記人物寫作的傑出女性作家了。

這是一條偏僻崎嶇的道路。已過世的當代歷史小說家高陽先生曾說過，歷史小說應該合乎歷史與小說的雙重要求，不僅小說中的人物塑造要生動、凸出，具有藝術性的追求，還要能熟讀歷史，掌握各時代的特色，以及反映各時代不同的社會特徵。

高職畢業背景的作者，如何走上文學之路？更如何踏進古典文學深奧殿堂成為「今之古人」？實是令人好奇。

本文以「點頭」和「搖頭」的譬喻，娓娓敘述了自己成長歷程裡的點點滴滴，令人感動、佩服之餘，也被她幽默的文筆逗笑。

非常幸運！作者自小深受傳統文化影響，六歲即接觸《古文觀止》。雖然父母對她的性向頗覺無奈，卻也由她在「痛不欲生」的商專求學生涯中，一路摸索自學，成為「握筆的人」。

在一個人的生命途程中，還有比「認識自我、完成自我」更重要的事嗎？這似乎也成為所有追求理想者的人生信仰。

逆境是豐收的種子

◎馬景賢

他沒有說一句話，輕輕拉開抽屜，取出支票簿，開了一張九百五十元的支票給我。截止註冊的那天，我手裡攥住支票，在銀行門口轉了好久，沒有勇氣進去……

友情的支票

五十年前，那時候人們的生活還相當窮困。我在軍中當中士二級衛生士，月薪是五十七元。這時候我收到人生中的第一張支票，面額是九百五十元。我從來沒有見過支票，上面雖然寫的是那麼多錢，但我總覺得好像並不值那麼多。不過不管怎麼說，那張支票幫了我的大忙，也改變了我的一生。

現在那張支票的事，時時清晰的記在我的腦海裡。我常常想，當時如果沒有那張支票，以我的環境和收入，幾乎不可能有升學的機會，也不可能離開軍隊生活，當然更不可能有以後進修和工作上的發展。

那時候當兵管得很嚴，晚上偷偷到夜校上學，先要脫掉軍裝換了便服，再爬過牆頭跑出營區。高中畢業後，由於自己的底子太差，考大學年年落第，當同班同學都念大三了，我才勉強考上一所學費很貴的專科學校。一學期要繳九百五十元，在一般家中也不是個小數目，我要繳那麼多的錢相當吃力。

幸好在夜校有個好朋友，也是半工半讀，白天在一個貿易公司工作，跟我一樣一個人在臺灣，收入相當不錯，很節儉會儲蓄，常把五兩一塊的黃金和美金交給我保管。想想看，一個人竟敢把很多錢交給一個收入微薄的小兵兒，也可以了解我們彼此之間的信賴度。

我收到錄取通知後並沒有想去讀。我淡淡的對他說：「我考取了。」他一看那所貴族學校的繳費單，沒有說一句話，輕輕拉開抽屜，取出支票簿，開了一張九百五十元的支票給我。

我有了支票卻不敢去註冊，因為我一直在想：我怎麼還他的錢？我知道他不會要我還，可是心裡總是覺得不安。一直拖到截止註冊的那天，我手裡攥住那張支票，在銀行門口轉了好久，始終沒有勇氣進去。

銀行關門了，我心情很矛盾，又想讀書又怕還不起錢。我拿著支票跑到學校，當時我想，如果學校不收支票，我有正當的理由把錢還回去；如果收了我就讀。

我顫抖著手問那位收費的先生：「支票行嗎？」他連頭也沒抬，帶著上海的口音說：「好咯！」就這樣我辦完了入學手續。當我走出校門時，汗水和淚水使我眼前一片迷濛。

後來，還是為了經濟能力不夠，讀了一半就休學了。但從此改變了我的工作環境，使我有更多自修的機會，在半工半讀中完成學業，要不是那張支票，相信絕對不會有今天的我吧！

我一生中的第一張支票，那是永遠無法用金錢還得完的友情支票。它讓我了解到，什麼是「幫助需要幫助的人」的意思，也懂得什麼是真正的友情。

照像記

「頭抬一抬，」攝影師說，「好，再低點點，不要動了。」

我為了要拍一張大學畢業證書上的照片，被攝影師把頭扒拉來扒拉去，搞了好半天，才聽他說了一聲：「好，笑一笑！」

聽到攝影師說「笑一笑」的一剎那，我的心像被雷擊的一樣，心中有說不出來的一種感覺，我想大哭一場，因為這張照片得來太不容易了。

六十多年前，我才小學畢業不久，因為戰亂離開家鄉。那時我十六歲，為了躲避戰火，當了一個小兵，中間幾經波折，換過好幾個姓名，才穿上一身不合身的軍服，然後隨著軍隊到了臺灣。

那時雖然不算是扛槍打仗的兵，但每天都要操練、做工。因為是頭一次離家，軍中的生活很不習慣，連吃飯都搶不過別人。發薪水那天，第一件大事是先買一瓶鮮大王醬油，吃飯時澆飯吃，因為菜太少，也搶不過人。

生活的艱苦，常常讓我偷流淚。這時我會想起小時候母親跟我說的話：「人的眼淚要往肚子流，牙齒要長在肚子裡咬牙立志，不是用來吃飯的。」在焦急的心情下，我立定志向：我要讀書。

那時候，局勢還不太穩定，軍隊管得挺嚴，外出要佩外出證，不然憲兵抓到要記過。每天只好空閒時看看書。兩年後，我以同等學歷讀上建中的夜校初中部三年級，後來又讀完高中。每天晚上為了躲開憲兵的檢查，先要偷偷爬牆出營，急忙換上便服，再匆匆忙忙趕到學校上課。下課後到軍營外再脫掉便服換上軍服。

中學比人少讀兩年，在基礎上很難和人相比，所以到高中時的成績只能勉強過關。程度差，幾次大學考試都是名落孫山，當我考上大學夜間部時，高中時的同學有的早就大學畢業了。

當讀到高二下學期時，隊長知道我「不法的行為」，立刻要我停止再到夜校念書。

「讓我讀完這學期好嗎？」我眼淚往肚子裡流，表面上仍然裝出祈求憐憫的笑容。

「不成！」

「我讀完這學期，可以拿到高二的證明，將來可以用同等學歷考大學。不然……」

「那有什麼用！不成就是不成！」

隊長可能也有他的壓力，不得不對我那麼嚴苛，不過事後他並沒有追究。我就在偷偷摸摸的情況下，總算完成最後一年的高中學業。

為了求學，我走了彎彎曲曲的路，比別人多花了好多時間，在這一段艱苦的漫長路上，我半工半讀，我學會了認識自己。

在圖書館的工作中，整天為人服務也激勵了自己，給我最珍貴的啟示是：路是人走的。你服務別人就是服務自己。而且人生的道路不一定是平平坦坦就好，逆境不一定是壞的，因為惡劣的環境，正是一股教人勇敢向前的原動力。

回想過去，從十幾歲到已經進入老年的我，那不平坦的路正是人生最快樂的旅程，那逆境正是我今天豐收的種子。那照相師說的一聲「笑一笑」，是我一生中最快樂最難忘的笑顏。

——選自《驢打滾兒王二》，民生報，一九九八年八月

品・意思

俗話說：「人窮志短」，是真的這樣嗎？不！人可以窮，志氣可不能短。

馬景賢先生是兒童文學界受人敬重的長輩，學問人品都好，一生著作無數，年輕時，還曾擔任過圖書館的館長。但是從這兩則短文中，我們讀到了他十六歲那年，如何因戰亂離開家鄉，隻身隨軍隊來到臺灣當上一個窮小兵，如何求學奮進的故事。文中描述早年困苦的日子，也是我們這一

代年輕人難以想像的。

〈友情的支票〉寫的是考上一所昂貴的專科學校，卻無力繳交學費，於是一個好朋友開了一張支票幫助他，從此改變了他的工作環境，更加努力向學，也讓他認識了真正友情的意義和體會到什麼是「幫助需要幫助的人」的真諦。

〈照相記〉則透過拍一張大學畢業證書上的照片，回想自己高中時偷偷翻牆出軍營半工半讀，笑中有淚的往事。兩則回憶，文字真誠，樸實無華，讓人讀來好感動。作者說得太對了：「路是人走的」、「逆境不一定是壞的」，有前輩的榜樣，我們也因此有了更多向前邁進的勇氣！

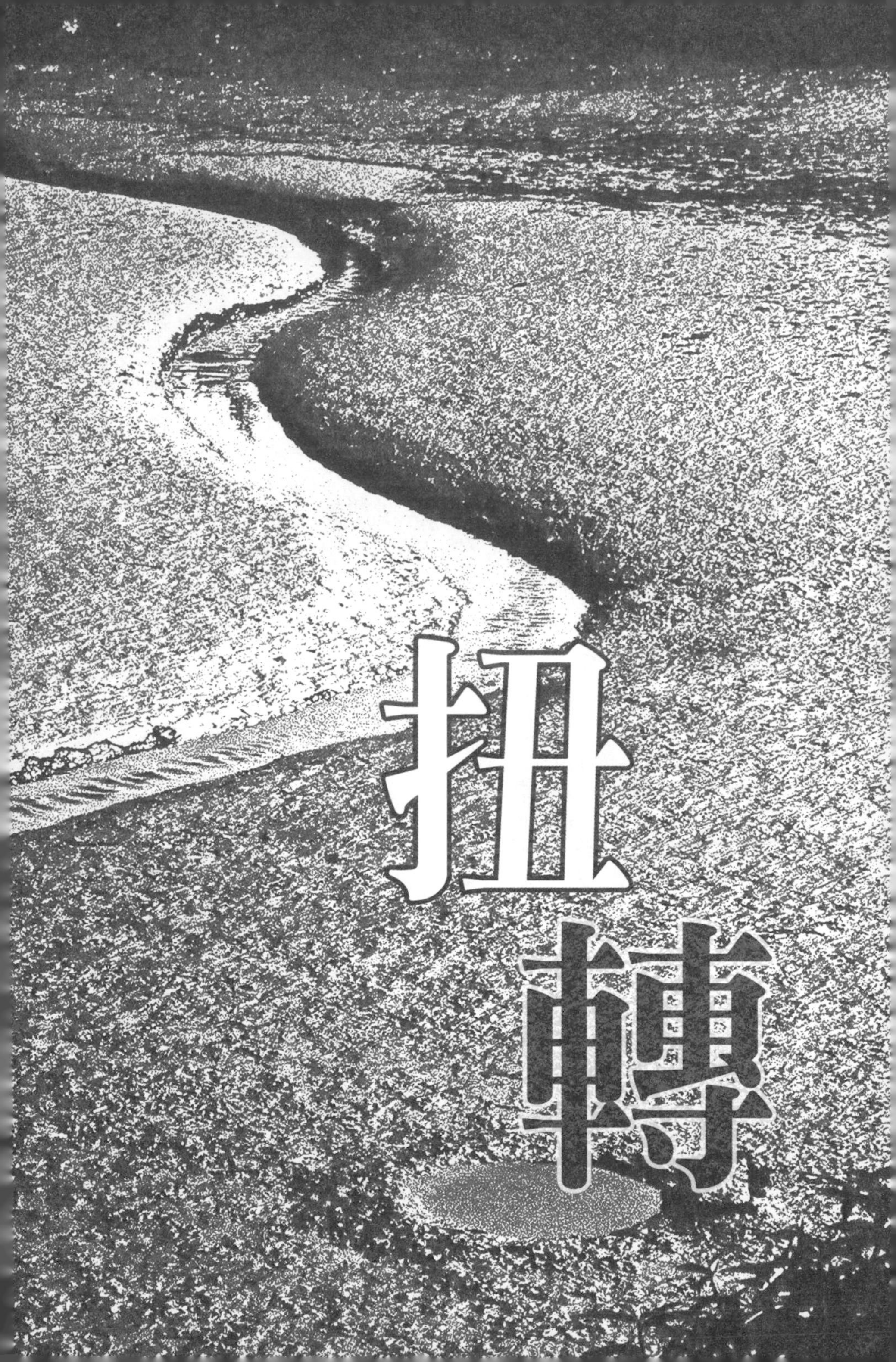
扭轉

生命像那波瀾江河上的孤舟，
前途茫茫，不知所終；
當巨石滾落、風狂雨驟、怒濤逼近時，
正是考驗人性、決斷命運的關鍵。

他們掌穩舵、衝出逆境，迎向心中的彩虹……

Go Go 嘉年華會

◎林芳萍

我不由自主發出「啊——啊——」的慘叫聲。
一聲是絕望，一聲是呼救，
一聲一聲，像一列長長的火車，
從我的喉頭，一節一節，疾駛而出……

我曾經有過一次非常奇幻的經歷，現在回想起來，仍然覺得不可思議。這個經歷，不僅改變了我，也讓我成了現在的這個我……

那是一個盛夏的午後。太陽像一粒金色的鈕扣，鑲縫在晴朗無雲的藍絲綢上。我坐在車子裡，一面欣賞這一匹滑亮無皺褶的「夏之布」，一面用車窗框量，想裁下一小方寸的藍天。可是道路太曲折了，總是無法把這粒金鈕扣給牢牢的縫在正中央。

我不放棄，搖頭晃腦的繼續玩著這個遊戲，眼角餘光卻掃見天邊不知何時出現了另外一粒耀眼的銀鈕扣！還來不及看清楚，它就朝著我的車窗飛撞過來，直直撞進我的眼眶，撞破了那一塊藍絲綢！撞掉了那一粒金鈕扣！

如果我能看到當時的自己，我應該是雙眼瞪圓，全身僵硬，嘴巴張得像山洞那麼大。但那並不是生氣，也不是驚訝，而是驚恐。一種預知即將失去生命的驚恐，使我不由自主發出「啊——啊——」的慘叫聲。一聲是絕望，一聲是呼救，一聲一聲，像一列長長的火車，從我的喉頭，一節一節，疾駛而出。

在一聲撞擊的巨響之後，恐懼結束，陷入昏迷。（恐懼只有在等待與逃避時，才會令人喪膽。一旦正面迎上，就沒什麼好怕的了。）

第一次醒來，是痛醒。我的整個左腳，像被硬塞進一個巴掌大的龜殼裡，無法動彈。這種痛，不至於痛不欲生，卻痛到不能呼吸。感覺像是有人拿刀在我的肺片上，刻滿了密密麻麻的甲骨文，彷彿連輕輕的一口氣，都會使那些刻痕擴散、龜裂，導致兩片肺葉爆炸成碎片！

所以接下來，我使盡全力只能也只想做的一件事，就是：呼吸！這是當下唯一的念頭，也是在那時體會到：能自由的呼吸一口氣，竟是那麼簡單又那麼艱難，那麼短暫又那麼漫長，那麼自然又那麼珍貴。

那一絲生命氣息，柔弱又堅韌如一株藤蔓，在我小心翼翼的栽植下，緩緩悄悄繞過一重又一重的鐵窗，爬移到鼻口時，我終於艱困又欣喜的呼得了那一口氣！

再度陷入昏迷。

第二次醒來，是我聽見遠方有人在痛苦的呻吟著。愈走愈近，才發現自己正是那個受苦的人。我試著睜開雙眼，卻只有右眼眼皮還能微掀，左眼已經鼓腫成一粒炒熟的栗子了。我順著視線，看清楚面前的這一大片擋風玻璃並沒碎，卻是全裂開，散成一張掛滿水珠的蜘蛛網。（後來知道那是安全玻璃，裂而不碎。否則，蜘蛛網可是結在我的臉上了。）

水珠變成了血滴，一滴一滴落下，落在座椅上，開出一朵又一朵小花。當椅子最後一角的青草地也被一朵花占領時，我在一片繁紅中又沉沉昏去。

時間不知道過了多久，我也不知道究竟在清醒和昏迷中徘徊了幾度。恍惚中，有人把我抬出車外。

我感覺到灼燙的陽光了，這股熱流把我周遭的小草鑄成了一支支的利刃，刺著我。我是表演臥刀床的特技演員，躺在草地上，接受觀眾喧亂哄鬧的喝采聲。

仔細聽，這聲音有男有女，忽遠忽近，聽不清楚他們在說什麼，但可以確定他們在談論我。陽光為我打上聚光燈，我是全場的焦點，準備上戲的主角。卻一句臺詞也記不得！

為什麼我會躺在這裡？這裡是哪裡？我又是誰？

我一直想一直想，可是腦子像一個空空的衣櫥，只掛滿了問號的衣架。僅僅這樣的思索，就讓我元氣耗散，虛弱得如在森林中迷途了三天三夜。我又再次不醒人事。

這一次，我來到了虛雲薄霧繚繞的山中，分不清楚真實與虛幻的方向，只能無助的呆站著，期待雲開霧散，有人從光中走來，握著我的手，領我前行。

我全心全意的祈禱著，直到感覺我的手真的被人溫柔的握著、撫著、摩娑著。霎時，不安消失了，疼痛消失了，吵雜聲也消失了。我仍然閉著雙眼，卻打開了耳朵。

我聽見一個女人輕柔的撫慰我：

「別怕，一切都過去了。乖，你沒事了。」

這使我更好奇了。我究竟發生了什麼事？

不遠處，另一個驚魂甫定的聲音，在對警察描述發生了什麼事。我趕緊豎起耳朵：

「對面的來車，酒醉駕駛，一個轉彎，兩車『碰！』一聲對撞！天啊，實在太可怕了……」

我的腦海應聲重播那一幕——一輛銀灰色跑車，突然偏離車道，衝上天，像自殺特攻隊的飛機，迎面朝我撞過來。

噢，原來如此！我發生車禍了。在一個晴朗無雲的午後，一條遠離家鄉的異國街道上。

事後，我曾拄著枴杖回到廢車場，去處理那輛可憐的車。車頭像被壓扁的手風琴，慘況不忍目睹。廢車場的人，看到我還活著，更是搖頭直呼不可思議，連聲嘖嘖稱奇蹟。我才知道，那一瞬間，自己曾經離死亡這麼近。

死亡其實並不可怕，但如果就此離開這個人間，我會深深的遺憾。遺憾自己還沒準備好、還不夠美，還沒有機會讓這個世界變得更好、更美。就像參加一場嘉年華會，還來不及把自己裝扮好，就赤裸狼狽的被推到街上去遊行。

這場車禍，來得令人措手不及。但又有什麼事，是等待我們完全準備好了才會發生的呢？

我告訴自己，今後，只要可以讓自己和這個世界變得更好更美的事，就要及時去做，勇敢去做。所以我成了一個寫作的人。用寫下的每一個字，提醒自己：我準備好了，隨時可以參加這場嘉年華會——Go！Go！Go！

品・意思

這篇作品把一場命如懸絲、生死一瞬間的驚險車禍，寫得如此精緻、密麗，堪稱作者在「暴力美學」表現上的一次出色表現。

銳利的文學評論家班馬開門見山就說：「她的語言怎麼這麼講究啊？」這「講究」二字準確無比。我開個大膽玩笑，如果一個「有神力」的作家能為自己的「喪禮」留下文字紀錄，無疑，林芳萍會是寫得「最美麗動人」的一個。

請讀者仔細品味她細膩的感覺是如何透過典雅且充滿魅力的文字傳達出來：

「金鈕扣」與「銀鈕扣」的碰撞，絕望的呼救「像一列長長的火車，

從我的喉頭，一節一節，疾駛而出。」鏡頭用拼貼、晃動、暈眩的手法「搖」出畫面，意識流的書寫讓讀者身歷其境於似有若無的紛陳斑斕之中，既不完全是幻覺，也不全寫實，這種精采的藝術結構，不同於一般災難新聞或影片中「見山說山、見水說水」的白描，更多的是作家心靈上的文學轉換。

「這場車禍，來得令人措手不及。但又有什麼事，是等待我們完全準備好了才會發生的呢？」

「無常」、「活在當下」，一場車禍後，作家有了新生的頓悟。

活著·工作·求知

◎林煥彰

我認了，無可奈何的結束了求學生活！
我不覺有何丟臉，也不感到有什麼遺憾。
只要認命聽大人使喚，該種田時下田，該上山時上山砍柴，
或割草、放牛，不知道沒念書有什麼可憐。

活著是在不斷接受考驗

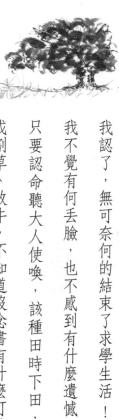

岩石
在浪濤的衝擊中
抬頭挺胸

這是我有一次在海邊得到的印象，一直存在腦子裡，使我覺得：每一樣東西都值得學習，而我們應該向岩石學習堅強。

當我經歷過一次打擊之後，我的信心也更加堅定。我以為：人生，活著是在不斷接受考驗，也不斷在解決困難。因此，當我們經歷過一次打擊之後，還要準備迎接將不斷湧來的風浪；這是生命必須承受的試煉，而且愈來愈大，像我們在海邊所看到的浪濤掀起的景象，嘩啦啦的掩蓋了海邊的一切，只有岩石是固若金湯，在浪濤退後，又屹立如舊。

此刻，在日近黃昏，在宜於沉思，而我們又想起在海邊的事，讓我們再次回顧那些岩石「怎樣抬頭挺胸，無懼於任何風浪的侵襲」吧！

不要卑視那流汗的工作

春天來了，樹都要重新抽芽。

我看到農務工踏在木架上，細心修剪厚皮松的老枝，我悟出了這點道理。

他們的熱汗，在春天的陽光下，像珍珠一樣，一串串掉下。

「不要卑視那流汗的工作。」我在心裡這樣說。

包可華也曾經寫過：「你用手工作，可以有時間用腦思想。」

我已經記住；我應該學習，學習不斷用手勞動。

春天來了，有一段日子，每天早晨，我在一排茄苳樹下，看到鋪滿了一層落葉；同時，在樹枝上看到：無數剛抽出的新芽。

春天來了，是的，有一段日子，每天早晨，會有一位老婦在那茄苳樹下，清掃那滿地的落葉；她很勤勉的，把每一片落葉清掃乾淨。

是的，有一段日子，每天早晨，我都能看到這樣的情景，在我上班的地方，我心裡非常感動。

工作是有意義的，只是盡責，是無分輕重的。

種下求知的種子

——在我生命的春天裡，我含淚埋下一粒求知的種子

春天，是美好的季節；屬於生命中的春天，也應該是：充滿青春歡

樂、活潑愉快，值得懷念和追憶。只是，每個人出生的家庭背景不同，屬於生命中的春天，大多由不得自己選擇，因此，家庭環境和父母對這一階段的影響至鉅。而屬於我生命中的春天，不是我自己所能主控的，我也就糊里糊塗的成長過來。

若二十歲以前說是一個人生命中的春天，那麼，屬於我的這一階段的人生，算是陰暗而潮溼！

我出生在三〇年代的一個沒落的農家，父親曾是一個農夫，但沒有自己的土地；父親也曾是一個商人，卻也無屬於自己的商店！在我懂事時，他的確已一無所有！

八、九歲以前的童年，我沒什麼記憶；要有，只能籠統的說：我的童年是玩泥巴、捉迷藏、滾銅環、放風箏、撈魚蝦、抓螃蟹、撿田螺、採野菜……

關於我更小時候的一些身世，則是長大以後，才斷斷續續、零零碎碎，得自於兩位母親偶爾在情不自禁中，感傷的對我父親的不滿所做的控訴；據說，我三歲時，生我的母親離開我，是因為家中發生了變故：我父親販賣食油被捕入獄，祖父留給他的家產都沒了！所以我母親把我托給大媽撫養，就偷偷的走了！而在這之前，我母親曾經帶著我，還有我的兩個姊姊，投靠父親一位養鴨的朋友；媽媽說，那時，我們母子風雨無阻的，得幫人家看鴨、養鴨……

八歲到十三歲，是我一生中最重要的求學階段，但我懵懵懂懂，沒有好好念書；這一成長的階段，如今我能記取的，就是作業簿、考試卷，經常「滿江紅」！印象最深的，是挨老師抽打手掌的事，這輩子都忘不了！除外，就拿不出可以炫耀的成績了。無怪小學畢業時，我拿了大媽做苦工

品・意思

難忘林煥彰先生的一件往事。

一九九〇年的春天，我們一行文友共同參加了湖南「小溪流雜誌社」在長沙主辦的兩岸兒童文學交流筆會。一次歡暢的聚餐中，多喝了點酒的林先生忽然對大家重複了一句令人驚詫的「醉話」：「我只有小學畢業，只有小學畢業……」那帶著幾許遺憾、傷感、甚至有點蒼涼的語氣，讓我陷入了沉思……。我心想，林先生靠著自學有今天的成就，是多麼了不起的一件事啊！

他也是我敬重的前輩詩人，為人樂觀勤奮，似有用不完的精力和才情，成天神采飛揚的，兩眼精光四射！如今年過七旬，依舊虎虎生風，與時俱進。

誰人知道他底心事？曾經傷痛的烙痕？這篇短文，揭露了謎題。

命運是不可知的，沒有誰能選擇自己的父母、家庭和成長的背景。

然而，自古英才何懼出身低，勤學自能轉乾坤。求知、讀書，可以「治愚」，「不鄙視流汗的工作」，「在浪濤的衝擊中，如岩石般抬頭挺胸」，才能改變貧困的出身和卑微。

「在自己心中埋下一粒求知的種子」，正是為開花結果的前途做重要的準備！

每一個人都應該為自己的命運負責，堅強勇敢的活著。

不如意的時候

◎謝武彰

下了車以後，捷運的噪音開始移到腦袋裡，轟轟的響起來。

我知道，我慘了——

我該寫的主題是「怎麼突破困境」；但是，我卻把自己推進困境裡了。

這一天，我正在捷運上，手機突然響了。趕快打開來一聽，原來是桂文亞小姐來約稿。轟轟的噪音中，電話的聲音並不是很清楚。她說主題是有關遇到挫折的時候，怎樣突破困境的經驗談。哪能讓朋友失望呢？於是，我就在捷運的轟轟噪音中，爽快的答應了。

車子很快的到站了，下了車以後，捷運的噪音開始移到腦袋裡，轟轟的響起來。我知道，我慘了——

因為，我該寫的主題是「怎麼突破困境」；但是，我卻把自己推進困境裡了。原因很簡單，我大半輩子的成績實在「差很大」，並沒有什麼好說的。而且，我也不想把這一篇文章，寫得好像要訓人似的，讓大家看了就害怕。

這種情形，滿像大家常說的一句老話——人生不如意事，真是十之八九。從這時候開始，我不但不能被困境困住，而且還要想辦法突圍，準時把文章交出來。

他還自己編報紙、賣報紙。

後來，他變成了發明家。

其實，他才正式讀了三個月的書。所有的知識，全都是自修來的。

他重要的發明，對人類的影響非常深遠。像電燈、電影、留聲機、同步發報機、油印機、噴火器、潛望鏡等等，超過一千項專利。

這些故事，大家也許都知道了。但是，為什麼又要複習一次呢？因為，溫故可以知新。我閱讀他發明電燈的經過，深深覺得符合主題。可以老生常談，再說一次。

燈泡裡有鎢絲，這是大家都知道的。但是，還不知道使用鎢絲當材料以前，什麼東西才能讓電燈長時間使用、安全、又便宜呢？

說實話，誰也不知道。

然而，愛迪生就是不讓「不知道」，真的變成不知道，他很想「知道」。為了想知道，他吃盡苦頭。他廢寢忘食，一共實驗了將近六千種材料，才找到鎢絲，讓人類大放光明。

為了找到最好的材料，他一共受了五千多次的挫折！愛迪生受到挫折的時候，他放棄了嗎？才沒有，他突破挫折——這一種不行、那一種也許行，這一樣行不通、那一樣也許行得通啊！

他就這樣一路挫折、一路突圍，一連挫折了五千多次，一連突圍了五千多次。愛迪生就這樣越挫越勇，終於，找到了鎢絲。

後來，也有少數人認為他這種地毯式的搜尋法，並不是聰明的作法。想不到愛迪生卻說：「我的確不聰明，但是，我可以確定除了鎢絲以外，其他的五千多種都是沒有用的。」

看著發亮的電燈，就沒有人再懷疑他的毅力了。

從此以後，愛迪生讓自己發亮！

從此以後，愛迪生也讓世界發亮！

從此以後，如果突然停電了，人們立刻覺得生活大亂。

一八八二年九月，愛迪生設計的供電系統，開始商業運轉。從此以後，供電系統就像現在的網路，延展成一個巨大的電力網，覆蓋著地球。

一九三一年十月十八日，愛迪生不幸逝世了。美國為了紀念他，十月二十一日全國熄燈來紀念他。

現在，如果我們靜下心來，仔細的想一想，這個小小的報童，能帶給世界光亮、能名留青史，那真的是「此中有深意」了。

雖然，歐盟定於二〇一二年九月起禁用白熾燈，到時候，就會正式結束燈泡的「愛迪生時代」，想來雖然有些感傷。但是，燈泡也照亮世界超過一百三十年了。

愛迪生以後的發明家，還是突破了他的限制。發明出更新、更好的照明設備，像省電燈泡、LED燈等等，讓世界更明亮、更省電、更環保。

如果，愛迪生生在這個年代，不知道還會發明出什麼令人驚訝的東西、令人驚訝的電腦、令人驚訝的軟體呢？

我們千萬不要忘記，他還有一句話，也令人發亮——

「天才就是百分之一的靈感，加上百分之九十九的努力。」

這一句話，其實也隱含了不如意的時候，要想辦法突破困境的深意。

和愛迪生相比，我們算什麼「咖」呢？如果遇到不如意，那就學學他，百分之一百、百分之一千、百分之一萬的努力，那自己才有機會走進「黃金屋」啊！愛迪生的故事，其實就是突破困境的加強版。

我的困境，終於稍稍突破了。下一次，如果再遇到不如意的時候，我還是會這麼做。

我又搭捷運，到城市的另一區走一走。

一路上，有的燈明亮著，有的燈閃爍著。

品・意思

發明大王愛迪生的故事你一定聽過，作者以他為例完成本文，真有點與眾不同。親身經驗固然具有真實性，以「它山之石」作為「正衣冠」的銅鏡，也未嘗不可。

愛迪生是電燈的發明人，為此，他實驗了將近六千種材料，經過五千次失敗，終於用對了鎢絲！簡單的說，耐心與專注，堅持與熱情，是成功的必備條件，古文裡不是有這麼一句：「舜何人也？予何人也？有為者亦若是。」

屢敗屢戰，越挫越勇，這樣的事蹟書中不勝枚舉，可是如果你不愛閱讀，就很難從中獲得知識的力量；黃崑嚴教授曾在〈你的典範〉這篇文章中提到，學習的起步是從模仿開始的，我們可以將這模仿學習的對象稱之為「典範」（用通俗一點的現代流行語就是「偶像」），這是一盞指引光明的人生路燈，我們也許永遠追趕不上，但如果偶像是正面人物，在模仿學習中，精神與行為上都能雙重受益；如果偶像是負面人物，那就「近墨者黑」，後果不堪設想了。

幫助自己進步的偶像可以不止一個，除了愛迪生，請想想誰是你現階段的偶像？

回到讓我心悸動的地方

◎嚴淑女

不但傷了別人，也讓自己傷痕累累，
身心飽受極大的煎熬。胃痛的宿疾在暗夜啃噬著我，
我發出怒吼：「我一直這麼努力，
為什麼這樣的事情會發生在我身上？不公平！」

午后，牽著心愛的小狗波比、嘟嘟漫步在鐵馬道，一排排的小葉欖仁在鐵道上玩著踩影子的遊戲，陽光從透著青綠的小圓葉間灑落，我瞇著眼

晴享受冬陽溫暖的撫觸；躺在草地上，被淡淡的草香圍繞，看著兩隻小狗在草地上追逐、嬉戲，一切都是那麼閒適而自在。身處好山好水的臺東，我竟然許久未曾抬頭看看藍天白雲，嗅聞蔚藍太平洋那充滿活力和精神的風。如果人生中沒有遭逢遽變，如果我還貪戀名位，如果我沒有捨下，我就得不到身心的平靜，也聽不見內心真正的渴望。

二〇一一年的一月，我毅然離開人人稱羨的教職工作，也放棄了十幾年來的努力，讓好多人都替我感到惋惜和疑惑。事實上，事情剛發生時，我充滿憤怒，因為工作上不被肯定而極力想證明；面對為了達到目的不擇手段傷害我的人，我無法原諒；抱怨的言詞、負面的情緒充斥全身，豎起尖刺如刺蝟的我，傷了別人，也讓自己傷痕累累，身心飽受極大的煎熬。胃痛的宿疾在暗夜啃噬著我，我發出怒吼：「我一直這麼努力，為什麼這樣的事情會發生在我身上？不公平！」

為免焦躁的情緒使自己做出錯誤的判斷和決定，每天晚上我試著靜坐，讓心慢慢的沉穩下來，傾聽內在真實的聲音。其實我一直想離開這個工作，朝內心渴望之路前進，但是我不夠勇敢，我不相信自己可以做到；我害怕挫折、失敗、不肯示弱，臣服於世俗所謂成功的魔咒下，讓我緊緊捉住擁有的一切，不肯放手；我一直向前跑、往上爬，贏得越來越多的掌聲，但是那心中巨大的黑洞，不斷的蔓延、吞噬著我，外人看來似乎擁有一切的我，其實並不快樂。

檢視自己的問題之後，我開始尋求協助。姊夫送我兩個字：「捨得」，因為捨下，才能有所獲得。若你緊緊捉住一個東西不放手，當生命中其他機會向你敲門的時候，就會因為太在乎失去而錯過更好的發展機會。一位我敬重的長輩聽到這個消息的反應是：「恭喜你，這是上帝送給你好大的禮物。接受挫折、承認失敗、適時示弱是人生的智慧；放手，就是給自己一個重生的機會，你要善用你的能量，帶給周遭的人更多的幸福。」好朋友傳來《哈利波特》作者J.K.羅琳對哈佛大學畢業生演講的一段話：「因為挫折，讓你變得更有智慧、更強壯，也意味著你有強韌的生存能力。要不是生活經過逆境的考驗，否則你永遠不會真正地了解自己，也不會發現堅定的友誼關係。這是上天送你最寶貴的禮物。」

為了將自己從情緒的泥沼中抽身，好好思索大家給的意見，同時了解自己，我請了假，讓自己漫遊到大自然的懷抱。躺在大樹巨大的臂彎裡，瞇著眼睛望著陽光從樹葉間灑落，閃爍著耀眼的光；大自然的風輕柔的吹拂著，撫平我那顆焦躁的心，心慢慢變得澄靜透亮，也更能看清楚事情的真相。

我一直對外汲汲營營的索求，沒有空與自己的心靈對話，就像已經擁有九十九個金幣的人，為了湊足一百個，為那最後一個金幣而拚命，不惜付出失去快樂的代價。我試著將心的雜物清空，面對這次生命中的考驗，我是否可以轉個念頭，試著用正面樂觀的態度去思考，珍視已擁有的九十九個金幣，不要一直怨天尤人，勇敢面對逆境的挑戰呢？

我又從書中去尋求古人的智慧之語，布袋和尚的〈插秧歌〉點醒了我：

手把青秧插滿田，低頭便見水中天；
六根清淨方爲道，退步原來是向前。

退一步海闊天空，但我們卻常常深陷其中，近距離去看一個挫折的事件，其實隱藏在生命中的幸福密碼必須退一步才看得到啊。

人人都怕挫折、怕痛苦，如果我可以將挫折當成是一種磨練，用開朗的心面對，欣喜自己擁有比別人更精采的人生；淨化自己的心性，不讓外在的事物干擾原本如明鏡的心臺，讓這些痛苦和挫折深化為自我心靈的體會，增強思考能力，了解生命唯有經過痛苦和磨練，才能轉化成堅強的智慧與心性，增加自己未來生存的能力。抱持這樣態度重新生活的我，一定會讓自己的重生變得更有意義、更加精采。

「人生就像一則故事，長短不重要，最重要的是它是否精采！」這句話深深烙印在我心中，我決定勇敢放下一切，重新面對自己，相信自己，並且開始全心全意在我最想做的一件事情上——創作。我想學習我最欣賞的

一、向信任的親戚、長輩、好友尋求忠告，平撫內心的創傷。

二、反覆體悟智慧哲言，激勵自己陷落的信心。

三、自省。面對真實的自己，試著用正面樂觀的態度思考，與心靈對話。

這樣條列式的歸納雖然有點像「教戰手則」，卻十分言簡意賅喔！「山窮水盡疑無路，柳暗花明又一村」此之謂也！

攝影中回味的時光

◎祝建太

沿著田埂走過一塊塊荷田，戴著布帽，抱著沉重的相機，
在微光的清晨拍到熾熱的太陽發威；
荷花的攝影是在爛泥中工作，尋找、發現美，
有時候覺得像是在修行……

在我生命中是與李潼分不開的。李潼在壯年時，他認識的新朋友或讀者，很好奇他的妻子是什麼樣子；沒想到二〇〇四年李潼走後，很多場合

我卻需要為他露臉，「望天音樂會——告別李潼」、李潼最後遺作《魚藤號列車長》、第一本少年小說《龍園的故事》新書發表會、「永遠的兒童文學作家李潼先生作品研討會」、「再見李潼——兒童文學的呼喚」特展……但最讓我全心投入的是「荷曰——李潼、祝建太詩文攝影展」。

多年來一直以攝影為生活寫日記，為家人、朋友、旅遊、採訪報導而留下一張張寫真，很慶幸一直有這樣的習慣，當時間一拉長，照片就成了歷史鏡頭，才知那「喀喳」一秒鐘是多麼的珍貴。

因為喜歡拍照，所以家裡的相片是一箱箱，在整理舊相片時，那幾乎已是淡忘模糊的過去，往日的時光重現眼前。人的記憶是很有限的，生活中煩瑣的雜務，掩蓋了能記憶的空間，何況黑髮轉為日漸斑駁的華髮，人的記憶也日漸褪色了。

想起當初我使用的第一臺相機，是很普通的自動相機，是為了去日月潭旅行買的，而那次旅遊活動中我認識了李潼，在湖畔邊我們合照了第一張相片，我記得他那天穿了一雙讓我印象深刻的紅球鞋；當時他也幫我拍了幾張相片，相片洗出來後，我們又有聯繫。

接著這臺相機拍下了我們在臺中的集團結婚照，我們三個孩子的初生，我們全家出遊的照片……李潼也喜歡拍照，但因為寫作忙碌，掌鏡的工作就由我來做，我也樂此不疲。

後來覺得自動相機拍出來的相片，品質受限，因此想買一臺好的相機。在一次攝影展及銷售相機的展場中，我用不菲的價格，買了德國相機，這也是我後來拍攝荷花的相機。一換相機就買了專業相機，這事有時被朋友笑，說一下子升級太快。

在李潼生病時，我幫他拍了一些冬日及夏天的相片，留下了永恆之姿。李潼對拍照一直很配合，因為他的作品出版快速，經常要用照片，所以假日出遊，都會帶著相機，拍得新照，正好能趕上所需。

二〇〇三年李潼在病中，未能遠行，心情低沉，拿起相機開始以荷花為主題拍照。清晨在金色陽光中，一朵朵紅豔白嬌的荷花在盛夏中展現風華，在朦朧意識中荷的招喚令人飛奔，如赴一場美的盛宴。一陣夜雨水洗後的荷田珠光璀璨，腳踩在爛泥中，比人高且密密層層的荷葉，彷彿綠色巨傘，像闖入荷花王國的愛麗絲，捕捉美得令人心悸荷的嬌顏。

洗好的荷花相片攤在桌上，喝著藕汁，與李潼共賞，他對相片提出一些想法、建議，就這樣匆匆度過一個溽暑的夏日。從荷的盛放、凋零到荷葉的初生，病中的李潼頗有感觸，為荷題詩「荷田留言」二十五首，在荷香、蓮瓣中輕吐詩與荷的對話，也是李潼的真情告白。沒想到這兩年拍荷花，共同欣賞荷相，卻是記憶中難得的悠閒、幸福時光。

一位從未參加過攝影聯展的中年女子，一開始卻有勇氣開個展，我想這是李潼給我的力量。我記得一次無意中跟李潼說：「如果有一天我要展出荷花，用什麼題目呢？」

李潼毫不猶豫的說：「荷曰」

我說：「荷曰，要是被看成荷日呢？」李潼說：「荷日也是好的。」

荷花攝影圖五十幅，李潼未完成的二十五首詩，由喜愛寫詩的兒子以誠、以中完成。這場具有紀念性的展覽，包含不同思維領域、不同年齡層的家庭集體創作，在臺東，李潼的故鄉——花蓮展出時，與在地老朋友見面，也認識喜好藝術的新朋友。雖然從洗相、裝框，全家開車到東部布展、開茶會、撤展，奔波的辛苦，但這些過程留下了難忘美好的回憶。

拍攝蓮花的熱情並不因「荷曰」展覽結束而停止，每一個初夏，與荷邂逅，沿著田埂走過一塊塊荷田，戴著布帽，抱著沉重的相機，在微光的清晨拍到熾熱的太陽發威；荷花的攝影是在爛泥中工作，尋找、發現美，有時候覺得像是在修行。

二〇一一年的「百年好荷」攝影展，從荷的世界體會人生的短暫，青春的光華飛揚，生命的豔麗成熟，粒粒蓮子從生嫩到圓滿，結實成熟，可以摘食品嘗，或蒼黃、枯乾，死亡；蓮子落地，荷葉初升，又一場生命的輪迴，生生不息。

李潼走後，出版他的作品，是不希望李潼的書一本本消失。李潼在的時候，他寫的書我沒仔細讀過，甚至很多沒看過；現在校對李潼的書，我一句句看，一字字看，一個個標點看，希望能作出品質較好的書。因為做了這一點事，我才體會把文學當成生命的李潼，他的付出。

幸好李潼的作品是受讀者喜愛的，《少年噶瑪蘭》、《再見天人菊》、《蔚藍的太平洋日記》、《鞦韆上的鸚鵡》、《尋找中央山脈的弟兄》……新的版本仍然擁有一代代年輕讀者。

一直以家庭、孩子為重，拍攝荷花是工作也是休閒，主要原因是取材方便，某些場域隨處可見，不必出國遠行。與蓮對談、細心觀想，一朵花也能看到天堂。一場攝影展、文化活動、一本新書出版，都需要主辦單位、出版社、朋友和眾人的幫忙合作才能完成；生活中的重要活動，我都會用攝影或錄影留下影像，一方面是作紀錄，同時回顧我們走過的痕跡，留下深深淺淺的腳印，其中或許成全了他人，但也圓滿了自己。

品・意思

失去生命中的伴侶，如被拆散的鴛鴦，獨自飄游，如翱翔於藍天的雙燕，一方在閃電中隕落，一方從此望斷天涯……，面對無常，「折翼之鳥」將持以什麼態度？

「臺灣少年小說第一人」名作家李潼，英年早逝，他與妻子祝建太的故事成為傳說中一朵悠遠的白蓮……讓人在惋嘆中混合些許浪漫情懷。

但在現實生活中，我們看到的真相是：勇敢、堅毅，擁有才華與保有自我的作者，一步一腳印的在攝影藝術中圓滿了自己。

本文回顧與現狀交融，使讀者了解名家背後的女性當年如何從戀愛、結婚、生子一路「走到臺前」現身說法，又如何在盛夏殘冬的荷田裡，以

「詩」與「荷」的對話，回味從不曾失去的幸福時光，並從荷的生命中感悟生生不息的輪迴，有了修行的境界。

平實，毫無矯飾的文字，讀後使人低迴不已。

祝福天下有情人。

地球日日記

◎陳幸蕙

電話那頭回答我約兩百多棵——

「不是很多啦！……」

聽得出年輕女孩，

似對這數字感到有些「抱歉」……

四月二十二日，天氣陰。

清晨七點五十五。

離營業時間還有五分鐘，我已在郵局尚未拉起的鐵捲門前等待了。八點〇一，抽取號碼牌〇〇一，微笑走向櫃臺，很高興自己今天竟是郵局第一位客人。

順利辦完劃撥手續，特別過街去菜場買了絲瓜、番茄、蘿蔔、豆腐、金甘薯和紫山藥，準備傍晚燉一鍋營養漂亮的七彩湯。

不加任何人工調味料，除了一撮鹽巴、幾枚蒜粒、兩片月桂葉，也許再一小匙胡椒粉吧！總之，在快樂激動的滾沸中，繁華落盡，歸真返璞，一鍋值得感恩頌讚的自然清湯，相信便能愉快、虔誠地完成了。

是的，虔誠、樸素、感恩、愉悅——自邁入生命中第二個青春期以來，我已決定，這將是我每日的生活基調。

而今天，我決定，尤其要讓這基調與精神，充分貫徹且發揚光大。

因為今天是世界地球日（World Earth Day），一個應該以特別心情，做點特別事情的日子。

早上去郵局劃撥，便是把錢匯給環保團體，響應他們「五百棵臺灣小樹認養活動」。

這是呼應聯合國「種七十億棵樹保護地球計畫」所發起的綠色活動。認養一棵小樹費用五百元，事後將收到一張認養憑證。小樹則由臺大實驗林負責栽種照顧，並定期在網站公布「認養樹木成長報告」。

我從上禮拜領到的稿費中，拿出兩千元劃撥，認養了四棵樹。

家裡一人一棵。

事前沒告訴他們。

這是我在地球日送給家人的驚喜，也是我送給地球一個非常微不足道的小禮物。

當全球熱帶雨林，正以每分鐘七十二英畝、每秒鐘一個足球場之可驚速度，迅疾消失的此時——我希望，在這個虔誠的早晨，我和家人所認養的這四棵樹，能為減碳和減緩地球暖化，盡一點點小力量。

當然，四棵樹實在不算什麼！

但聯合國「種七十億棵樹保護地球計畫」，原來的構想也是，若全球七十億人口，每人種一棵樹，那麼為地球所量身打造的這把碩大無朋的綠色保護傘，便成功地撐起來了。

回家後，基於關心，打電話到主辦單位探問，從四月一日活動開始至今，三禮拜時間內，共有幾棵小樹被認養？

電話那頭回答我約兩百多棵——

「不是很多啦！……」

聽得出年輕女孩，似對這數字感到有些「抱歉」。但我為她打氣：

「今天是地球日，應該會增加不少。像我，就是特別挑在地球日來劃撥的。……」

放下電話後，我做了一個新決定，下禮拜彰化演講結束，要從演講費拿出兩千元二度劃撥，為地球再種四棵樹。

想到這些樹，十年後，將在島上、人間、這個地球，和其他人一起認養的樹、和它們聲勢浩大的族群伙伴們，共同舉起一蓬蓬碧蔭，為氣溫節節升高的地球，敷上一帖又一帖具療傷效果的清涼——便格外感到踏實愉快。

下午，找出法國作家尚．紀沃諾傳世之作《種樹的男人》重讀。

這以如詩之筆抒寫自然倫理的故事，帶給我的新思考是——若能做一個種樹的女人，應也是非常有趣且有意義的一件事！

在我心中，樹，不只是與地面垂直的堅挺形象、湧自地心的綠翡翠噴泉，卻更是——種子的甦醒，生長的願望，風華的啟示，恬靜的布施，奉獻的傳奇。

而三十年前，當我為處女作命名《群樹之歌》時，冥冥中是否便已預示，這將是我生命中雋永且眷愛不已的一首戀歌？

傍晚，為自己放上一張輕音樂CD，廚房裡一邊傾聽，一邊洗手作彩虹羹湯。

若《聖經・舊約》裡，彩虹代表希望，是大洪水消退、諾亞走出方舟時，上帝和這個世界立約的記號，以示不再有毀滅！

那麼，種樹，是不是也是種下希望、種下夢想與愛，是我們和地球立約，要把她從千瘡百孔狀態中拯救出來的記號？

日文中，「環保」的一個講法是「地球に優しく」，直譯便是「溫柔對待地球」。

溫柔二字，說得真好。

因為濫用資源，便是對地球粗暴。記得十九世紀末，尼采曾說：「地球也有皮膚病，這皮膚病叫作——人類！」

若尼采活在今日，不知是否要說人類是地球的癌症？如今，亡羊補牢種樹，或也算一種溫柔的救贖。

晚餐後，出門散步。走到××新村時，不知哪家院牆裡的桂花，正散發幽甜的芳香。

想起以前我曾對家人說「每天都是情人節」，「每天都是感恩節」，但在今天這啟動了許多溫柔深思的日子裡，我想再加上一句——「每天，都是地球日！」……

晚上十點五十，餵四隻貓咪吃完沙丁魚罐頭，帶著一顆平靜的心，上床睡覺。

關起今天的大門之際，我希望，七十億棵成長中的巨樹，碧濤洶湧，以陸地上另一種壯闊深邃的海洋之姿，在夢中出現。

不，不久的將來，在地表出現！

品・意思

早早我們就知道：地球生病了，病得很重。

乾旱、洪澇、龍捲風與沙塵暴；颱風、地震、土石流、海嘯與火山爆發，倒骨牌也似，波波未平，波波又起，天地風雲變色，人類的未來何去何從？難道有一天也將像北極浮冰上的白熊，哀哀等待滅絕的那一刻到來？

看到作者詢問基金會共有幾棵小樹被認養的數字，我的心又涼了一截。嗳，別說種樹了，砍伐謀害樹木的命案，一天何止發生數萬起！我居住的新店老家，四十年前大片綠蔭，如今早已成為光禿禿、冷冰冰的水泥森林了。

然而，在地球日這一天，有一位溫柔慈悲的女性，帶著一片誠心，為遍體鱗傷的地球行了「醫」，好言撫慰它哭泣的心靈。因著她的提醒與關心，因著那美好文字吐露的芳香，必會深深感動許多有心人，一起將愛心化為行動吧？那夢中的橄欖樹，也終會撥雲見日吧？直到不久的將來，汩汩流出芬芳鮮綠的液汁！

國家圖書館出版品預行編目資料

跨越生命的關卡／桂文亞主編. -- 初
版 . --臺北市：幼獅，2011.09
面； 公分. --（智慧文庫）

ISBN 978-957-574-843-2 （平裝）
1.人生哲學 2.通俗作品

191.9 100015689

・智慧文庫
跨越生命的關卡

主 編=桂文亞
出 版 者=幼獅文化事業股份有限公司
發 行 人=李鍾桂
總 經 理=王華金
總 編 輯=劉淑華
編 輯=朱燕翔
美術編輯=李祥銘
總 公 司=10045 台北市重慶南路 1 段 66-1 號 3 樓
電 話=(02)2311-2832
傳 真=(02)2311-5368
郵政劃撥=00033368

門市
●松江展示中心：(10422) 台北市松江路 219 號
電話：(02)2502-5858 轉 734 傳真：(02)2503-6601
●苗栗育達店：(36143) 苗栗縣造橋鄉談文村學府路 168 號（育達商業科技大學內）
電話：(037)652-191 傳真：(037)652-251

印 刷=崇寶彩藝印刷股份有限公司
定 價=250 元
港 幣=83 元
初 版=2011.03
六 刷=2014.06
書 號=986240

幼獅樂讀網
http://www.youth.com.tw
e-mail：customer@youth.com.tw

行政院新聞局核准登記證局版台業字第 0143 號

幼獅文化公司／讀者服務卡／

感謝您購買幼獅公司出版的好書！
為提升服務品質與出版更優質的圖書，敬請撥冗填寫後（免貼郵票）擲寄本公司，或傳真（傳真電話02-23115368），我們將參考您的意見、分享您的觀點，出版更多的好書。並不定期提供您相關書訊、活動、特惠專案等。謝謝！

基本資料

姓名：……………………先生／小姐

婚姻狀況：□已婚 □未婚　職業：□學生 □公教 □上班族 □家管 □其他

出生：民國……………年……………月……………日

電話：（公）……………（宅）……………（手機）……………

e-mail：……………………

聯絡地址：……………………

1.您所購買的書名：**跨越生命的關卡**

2.您通常以何種方式購書?：□1.書店買書 □2.網路購書 □3.傳真訂購 □4.郵局劃撥
（可複選）□5.幼獅門市 □6.團體訂購 □7.其他

3.您是否曾買過幼獅其他出版品：□是，□1.圖書 □2.幼獅文藝 □3.幼獅少年
□否

4.您從何處得知本書訊息：□1.師長介紹 □2.朋友介紹 □3.幼獅少年雜誌
（可複選）□4.幼獅文藝雜誌 □5.報章雜誌書評介紹……………報
□6.DM傳單、海報 □7.書店 □8.廣播(　　　　　)
□9.電子報、edm □10.其他……………

5.您喜歡本書的原因：□1.作者 □2.書名 □3.內容 □4.封面設計 □5.其他

6.您不喜歡本書的原因：□1.作者 □2.書名 □3.內容 □4.封面設計 □5.其他

7.您希望得知的出版訊息：□1.青少年讀物 □2.兒童讀物 □3.親子叢書
□4.教師充電系列 □5.其他

8.您覺得本書的價格：□1.偏高 □2.合理 □3.偏低

9.讀完本書後您覺得：□1.很有收穫 □2.有收穫 □3.收穫不多 □4.沒收穫

10.敬請推薦親友，共同加入我們的閱讀計畫，我們將適時寄送相關書訊，以豐富書香與心靈的空間：

(1)姓名……………e-mail……………電話……………

(2)姓名……………e-mail……………電話……………

(3)姓名……………e-mail……………電話……………

11.您對本書或本公司的建議：

廣 告 回 信
台北郵局登記證
台北廣字第942號

請直接投郵　免貼郵票

10045 台北市重慶南路一段66-1號3樓
幼獅文化事業股份有限公司

請沿虛線對折寄回

客服專線：02-23112832分機208　傳真：02-23115368
e-mail：customer@youth.com.tw
幼獅樂讀網http：//www.youth.com.tw